自衛隊加憲論とは何か

日米同盟の深化と文民統制の崩壊の果てに

纐《こう》纈《けつ》 厚《あつし》

本書は2018年11月に大阪で行われた一つの講演を二つの形(章)でまとめたものです。第1章は「自衛隊の今」についてわかりやすくまとめ、第2章は、講演内容を大幅に加筆訂正し、自衛隊加憲についてより詳しく深く理解できるようにまとめました。

日本機関紙出版センター

第1章　自衛隊はいま、どうなっているのか？　4

暴力の論理が国家レベルまで進んだとき　4
自衛隊のことを安倍政権に託していいのか　7
自衛隊で得られる安心・安全とは　9
自衛隊加憲とはどういう意味か　12
9条で信頼を勝ち得てきた日本　15
後法優先論　19
自衛隊はすでにアメリカの〝第5軍〟　22
文民統制は形骸化し、軍人統制が実体化　25
日本の最初の侵略戦争の地で　26
中国・北朝鮮は全く脅威ではない　28
三反三自の精神で　34

第2章　自衛隊加憲論とは何か　35
はじめに　なぜ、いま自衛隊加憲か　35
1　自衛隊拡大に歯止めがなくなる　38
2　9条2項が禁止する「戦力」が登場する　44
3　文民統制の観点から自衛隊加憲を捉える　51
4　自衛隊改編とアメリカとの関係は　56
5　あるべき政治と軍事の関係とは　59
6　自衛隊はどこに向かうのか　65
7　中国・北朝鮮は本当に脅威なのか　74
おわりに　戦争放棄の厳格化を求めて　83

第1章　自衛隊はいま、どうなっているのか？

■暴力の論理が国家レベルまで進んだとき

みなさん、こんにちは。纐纈厚《こうけつあつし》です。先ほど舞台の上でフラダンスのご披露がありましたが、もともとフラダンスは男のダンス、男が自らの武威《ぶい》を誇る、あるいは威嚇《いかく》をする、自分が強いということを知ら示すためのパフォーマンスだったとの説があります。それがいつのまにかフラダンスと言えば女性の踊りというようになってきたのですが、実はこういうように強いことが本当にいいことなんですか、人を暴力や威嚇、武威でもって脅かして自らの思いを実現しようとする考え方、それが国家であれ組織であれ、それでいいんですかという、そういうことが今、大きな問題になっています。

今年、日本もアメリカも含めて全世界でアカハラ、セクハラなどがたいへん大きな問題として次々に噴出しています。これはどういうことかというと、おそらくは暴力のあるものをどこかで人間が許してきたことに対して、もうそろそろ力づくではなく、やはり話し合いの中で人の顔を見つつ、場合によっては口角泡を飛ばしてでも、やはりお互いの気持が通ずることを旨《むね》とすべしであり、そういうことがとても大事なんだと、今まで我慢してきたけど、そろそろ我慢を止めようじゃないかと、そういう思いから告発とか、内部リークとか、いろんな形で、それらすべての出し方がいいか悪いかは別問題として、暴力はやはり否定していこうよという認識が広がってきていることの表れでしょう。

いま脅威と言えば、たとえば中国脅威論、北朝鮮脅威論などがあります。しかしその脅威論というものが本当なのかどうかもしっかり吟味しないで、「あー、怖い怖い」と言い、それに対抗するためには、やはりこちらも暴力をしっかり持とうじゃないかという、転ばぬ先の杖というような、私からすれば非常に安直な思いで自衛隊を大きくしてみたり、あるいは強権発動をするような現安倍政権を支持してみたり、そういう風潮、そういう思想、そういう考え方というものがあり、たとえばそれは子どもたちの世界にもイジメという形で現れてきています。

私は暴力の管理ということにたいへん関心を持っています。そのためか「イジメの構造について話してください」とよく小・中学校などの先生たちの研修会にお招きいただきます。なぜ私のような政治や軍事をやっている人間が、「イジメの構造」について説明しなきゃいけないかというと、それはイジメが暴力だからです。暴力とは何かというと、それはコミュニケーション、対話ではなくて力によって相手をねじ伏せることによって悦《えつ》に入ることです。こういう暴力の論理が段々といろんな形で組織や国家のレベルまで進んでしまった時に、その行き着く果てが戦争、あるいは戦争に備える、そして備えることを支持してしまう国民世論が、そこに存在するということになります。

いじめや差別、あるいは貧困のことを「見えざる暴力」と表現したヨハン・ガルトゥングという大変に有名な学者がいますが、その一方の「見える暴力」の象徴的なものが戦争やテロです。私たちはその「見える暴力」を茶の間のテレビを通して簡単に見ることができます。だけど、いじめ、差別、抑圧（セクハラ、アカハラ、育児放棄、ＤＶなども含めて）など「見えざる暴力」がこの国にも、あるいは世界の国々にもはびこっています。

「見える暴力」については反対だとか、それはいけないという声をあげやすいですが、けれども不可視の暴力、つまり「見えざる暴力」はなかなか見えないですから、それに対しては声をあげないということが多々あります。もう一つ厄介なのは、これは抽象的な言葉なのですが、「われわれの内なる暴力」、あるいは「われわれの内なる差別意識」という言葉です。でも「いやあ、私は加害者ではありません。私はいじめなんかしていません」と言う人が結構いじめをしたり、加害の側に加担しているのにそれに気づかない、あるいは気づけない、さらに気づこうとしないという実態もあります。そういう話をずっとセミナー的な場でも話をする機会があります。

■自衛隊のことを安倍政権に託していいのか

さてここからようやく今日の本題に入りますが、一つは自衛隊の問題です。でもみなさんは日頃、自衛隊をどう捉《とら》えておられますか。たとえば1970年〜80年代、まさに保革伯仲という、社会党や共産党が非常に強くて、これに対する自民党と防衛問題をめぐって国会の場などで堂々と論戦が活発に行われ、多くの人々の関心も深かった時代がありました。大阪で言えば伊丹空港をどうするかというようなこともあったでしょうし、4月まで私が住んでいた山口県でも岩国基地の機能を強化させるのか、させないのか、移転なのかどうなのか。また今の沖縄の問題なども含め、とても活発な議論があったのですが、いまはどうでしょうか。

今、自衛隊の問題、あるいは防衛の問題は選挙でもあまり票にならないということで、なかなか俎上《そじょう》にあげられない、話題にならないということがあります。しかしその一方で、中国の脅威論や北朝鮮の脅威論があり、ミサイルが怖いからなんとかしろという話が先行し、それに備えるということが防衛問題の一つの柱になっています。そういう時流に上手にうまく乗って登場してきたのが安倍晋三という人です。ある意味では安倍さんの登場を許してしまったのは、防衛や暴力とかの問題に無頓着であり続けてきた私たち有権者の責任でもあるかもしれません。いや、それは違うという意見も当然あるでしょうが。

けれども今、非常に保守度を強めている有権者の意識や世論の在り方をじっくり見ていると、もう外交・防衛は政府に任《まか》せる、自分たちにはとてもじゃないけど想像できない世界だし、高度な技術の話も入ってくるし、なんかわかりにくい法律の話もあるし、とても手に負《お》えないのでそっちの話はもう国家にお任せということになっています。それよりも私たちにとってはやはり日々の暮らし、経済、社会福祉、医療の問題などがどうしても身近な問題なので、そういう国内問題、健康問題などに集中特化してそれを政治のテーマにしてほしいということになっているわけです。

これはもう、ある意味ではどの時代でもそうだったのかもしれません。だけどそれはそうなのですが、その間隙を縫うような形で今、安倍政権、あるいは日本政府、日本国家と言ってもいいかもしれませんが、もう外交・防衛は彼らの独占状態になっています。外交・防衛について私たち有権者が声を上げて、どうするああするということが、それはちょっと無理なことよね、ということで終わってしまっているという感じが非常に強いのです。

ですから私もみなさんの前でこういう自衛隊の話や軍事の話、文民統制など少し小難しい話をさせてもらうことになってはいるのですが、結論的なことを言いますと、実はこれは私たちに非常に身近な問題であるということです。私たちが私たちの安全を、本当に国に、政府に、安倍政権に託してしまっていいのですか、という問題提起になればいいかと思います。

豊臣秀吉が刀狩りをやって以来、私たち人民・国民は非武装の状況に置かれています。でも本当にそれでいいのでしょうか。人民武装、国民武装という判断を本当に全面的に否定するのですかということです。私は武装しようと言っているわけではありません。だが政党の中には自衛軍を作ろうと綱領に書いている政党もあります。武装することによって安全が担保されるという確信があればそれでいいと思いますが、だけども武装することによって逆にしっぺ返しを受け、莫大なお金を使い、社会福祉などに使うお金がそちらに回されて本当に私たちの健康、医療が担保できるのかという話にもなってきます。

■自衛隊で得られる安心・安全とは

自衛隊が１年間に使うお金は約５兆３千億円です。これは世界でも５番目、６番目の軍事費（防衛費）になります。また軍人恩給は約１兆２千億円で、これは厚生労働省が払っています。ヨーロッパではそれも加算して軍事費として計上していますので、そうすると６兆５千億円以上の防衛費になります。普通、国家の予算は単年度方式です。１年間で使うお金を計上して余らせないように使い切るやり方です。ところが防衛費に関しては複数年度方式になっています。ですから１年間で計算すると５兆３千億円ですが、５年一括で計上してしまうので、25～26兆円がすでに計上されていると考えられます。これは日本経済が良くなろうが悪くなろうが、こういう莫大な軍事費が使われることになっています。ですからそれでいいのですか、という問題です。しかしこれはただ単に自衛隊がいいとか悪いとかいうレベルの問題ではなくて、５年間で26兆円も使う自衛隊を保持することによって得られる安全、安心とは何なのか、それが本当なのかどうかという問いが返ってきます。

さてここで申し上げたいことなのですが、みなさんのご親戚やご家族の中にも自衛隊関係者がおられる場合もあると思います。24万人も自衛隊員はいますのでこれは半端な数ではありません。つまり24万人の自衛隊員の家族を含めると１００万人以上の人たちが自衛官及びその家族であり、日々非常に厳しい訓練をされていて、年間約30人前後が死亡されています。これはあまりニュースにはなりませんが、毎年12月に亡くなられた自衛官の慰霊祭が市ヶ谷の防衛省で行われています。その自衛官の中にはもちろん事故死もあれば、訓練中の事故で亡くなった方もおられます。

また私の地元だった山口には自衛官だった夫の合祀《ごうし》取下げ訴訟をしていた中谷《なかや》康子《やすこ》さんという方がおられます。夫が宿舎に帰る途中に交通事故で亡くなり、自衛隊が強引に護国神社に合祀したことに対して、クリスチャンである康子さんが合祀を止めてくれと訴えた

「自衛官合祀訴訟」（１９８８年に最高裁で敗訴）として知られていますが、こういうように亡くなられ方もおられます。しかし実は死亡されるケースの多くは、自衛隊の中でのアカハラ（アカデミックハラスメント）、あるいは暴力によるもの、つまり自死です。その実態をなかなか防衛省は認めようとしませんが、さまざまな働きかけで一部認めるようになりました。

自衛官の方たちも非常に厳しい訓練を日々送っておられるので、私は何も自衛隊・自衛官の方たちを丸ごと「いけません、そんなもの必要ありません」と言うつもりはありません。ただ、今の自衛隊が置かれた位置や自衛隊が考えていることが、なかなかメディアを通して伝わらない。そしてそのことにあまり関心を持てない、持たない、持とうとしない有権者がいて、ある意味では相乗マイナス効果でもって防衛問題についてはあまり関心がない状態になっている。集団的自衛権の問題、安保関連法等々の問題があるときにはメディアも盛んに報道しますので、どういうことなのかというような疑問などは出てきますが、それが終わってしまうともう何でもないというような状態になってしまう、そういうことがあるように思います。ですから今日は、その自衛隊の今の現状について少しご説明申し上げたいと思います。

■自衛隊加憲とはどういう意味か

その自衛隊の問題でみなさんが一番関心をお持ちなのは、安倍首相が2017年の憲法記念日に「自衛隊を憲法に明記する」という「自衛隊加憲」を宣言したことでしょう。もちろんこれも賛否両論があると思います。「いや、いいじゃないの」という意見もあるでしょう。24万人もの自衛官がいて日々厳しい訓練をしている。5兆3千億円も使うたいへんな組織になっている。防衛庁から防衛省に格上げされ、防衛庁のときは内閣府の予算を小分けしてもらっていたのが今は単独予算請求権を手にしたわけですから。市ヶ谷の元東部方面総監、ここは三島由紀夫が自決したところで、そこにとても頑丈な建物として防衛省があります。さまざまな官庁の中でも一頭地を抜く巨大な建造物ですが、しかしその中には「現代の大本営」と言われる非常に強固な鉛の壁に遮蔽された地下司令室があり、これがアメリカのコロラド山系地中深く掘られた全世界に発信する司令部とオンラインで結ばれているとされていますが、というようなことはあまり表に出ません。

さてその「自衛隊加憲」です。日本国憲法9条には1項、2項とあり、みなさん、日本国憲法にはいろんな思いを持っておられるでしょう。「絶対に守らないといけない」という人もいれば、「いやあ、もう古くなったから変えてもいいじゃないか」というような改憲論を唱える方もいらっしゃる。先ほどこの会場に来るときに創価学会の文化会館がありましたが、公明党も政権与党でありながら改憲についてはいい意味で腰が引けています。特に青年部、婦人部などは猛烈に改憲反対を表明していて、安倍政権と並走するならもう離れてしまえ、というような声も内々で上がっているほどです。それはともかくとして、安倍首相は憲法に自衛隊を明記することによって、自衛官の身分を保証したいというようなことを言われます。それだけ聞いていると「それはそうだね」ということになります。24万人の国家公務員が非常に厳しい訓練を受け、定年も佐官クラスで56歳から55歳というような状況の下、何とか憲法で守ってやらないといけないという、そういう心情論のようなものがあり、「いいんじゃないの」という話に今なりかかっています。

では安倍首相が言うところの「自衛隊加憲」とはどういうものかと言うと、現行の9条1項と2項、これを〝9条の1〞として、これには手を触れずにそのままにして〝9条の2〞というもう一つのセットを用意するということです。以下に現行憲法の条文をまず示します。

第2章　戦争の放棄〔戦争の放棄と戦力及び交戦権の否認〕

9条　日本国民は、正義と秩序を基調とする国際平和を誠実に希求し、国権の発動たる戦争と、武力による威嚇又は武力の行使は、国際紛争を解決する手段としては、永久にこれを放棄する。

2　前項の目的を達するため、陸海空軍その他の戦力は、これを保持しない。国の交戦権は、これを認めない。

これに〝9条の2〟として次の部分が続きます。

前条の規定は、我が国の平和と独立を守り、国及び国民の安全を保つために必要な自衛の措置をとることを妨げず、そのための実力組織として、法律の定めるところにより、内閣の首長たる内閣総理大臣を最高の指揮監督者とする自衛隊を保持する。

2　自衛隊の行動は、法律の定めるところにより、国会の承認その他の統制に服する。

これをパッと読むと「別に抵抗感ないなあ」という方は、結構多いのではないかと思います。そういう抵抗感を与えないように一生懸命工夫して練り上げたのが、この〝9条の2〟です。問題はなぜ9条に自衛隊を明記するのかということです。

自衛隊は自衛隊設置法という法律で存在が認められています。しかし、法律による位置づけではもう我慢ができなくなってしまった自衛隊拡大派の人たち、その筆頭が安倍晋三首相ですが、その人たちが法律のレベルではやはり自衛官がかわいそうだとか、国際社会に出て自衛隊が「これは軍隊ですか？　それとも単なる武装組織ですか？　一体何なんですか」という話になったときに、なかなか答えづらいので憲法に格上げするという考え方ですね。でもこれは表向きの理由です。しかし本当の理由は9条1項、2項、つまり戦力の不保持、戦争放棄を事実上無効化する、効力をなくする、これが目論見なのです。

■9条で信頼を勝ち得てきた日本

日本は世界に向かってもう二度と戦争はしません、もう二度と武力に訴えません、そして戦争によって失ってしまった信頼を回復しますと誓って戦後がスタートしたわけです。ですから多くの国々は、日本に天皇制を残すことは心配だと、軍国主義の Seeds（種）でしたから、戦前の軍国主義を進めるための大きなシステムだったとみんな考えていたわけです。このように日本の天皇制をやめましょう、止めないと軍国主義がまた復活、再生するかもしれない。だから多くの人々、日本人だけでなく海外の人たちも天皇制をなくせと言った。特に強く主張したのは、イギリス、オランダ、中国でした。なぜか。イギリスはもちろん連合国軍の有力な国でしたが、特に泰面鉄道建設では労務者と言って捕虜に対する非常に厳しい虐待を行った。つまり国際法違反のことを重ねたことに対して、イギリスは烈火のごとく怒り続けてたわけです。

ずいぶん以前のことになります。一九七一年九月、昭和天皇がイギリスを訪問した時に、エリザベス2世主催の晩餐会がありました。そのエリザベス2世のおじさんにあたる人にルイス・マウントバッテン卿というイギリス国民に大変人気のある人がいて、日本の天皇が来てるから晩餐会に出席してくれと女王が彼に言うと、彼は「俺は嫌だ。昭和天皇と同席することは拒否する」と言って出席しませんでした。それには理由がありました。彼は戦争中、東南アジア方面連合軍最高司令官でした。自分の部下が日本軍（天皇の軍隊）によって、虐待、虐殺されているわけです。ところがそのことに対して日本政府は事実上謝っていなかったので、それが理由で出席しなかったのです。そしてイギリス国民は彼を支持しました。

次に天皇はオランダに向かいます。当時はベアトリクス女王の時でしたが、オランダでは天皇の乗った車にトマトや卵が投げつけられました。これは外交上、非礼極まる行為です。このことをオランダのメディアは報じましたが、日本のメディアは報じませんでした。なぜオランダで天皇の車に卵やトマトが投げつけられたかと言えば、オランダが植民地にしていたインドネシアの至る所で、日本海軍がやはり捕虜にしていたオランダ兵を虐待、虐殺していたからです。またオランダ人女性を「慰安婦」にもしていた。こういうこともあってやはり天皇こそが戦争犯罪人の頂点たる存在だ、だから逮捕すべきだ、場合によっては処刑すべきだという議論が出ました。

そして隣の中国でも日本軍は２千万人近い人を殺し、その最高責任者が天皇でした。この天皇を生かすことはとてもじゃないけど我慢できないというので、処刑ないしは退位を迫っています。しかしアメリカとしては単独で日本を占領したかったので一計を案じます。先ほども言いましたが、天皇は確かに軍国主義の種であることは間違いない。だからこの天皇制を残すことは軍国主義を残すことに等しい。だけどアメリカとしてはこの天皇、天皇制を使って日本を間接統治したいという戦略でしたから、天皇を残す。その代わりに日本に軍国主義が復活しないようにということで９条をもって来たわけです。もちろん９条の提案は幣原喜重郎《しではらきじゅうろう》を含めていろんな人が提案したとされていますが、最終的にマッカーサーやアメリカ政府は、軍国主義の復活を阻止するという意味で９条をもってきた。そしてアメリカとしては、イギリス、オランダや中国の批判をかわすことができました。９条があるから心配はいらない、9条で抑えておくからと宥《なだ》めすかしたのです。それで戦後の日本は、アジアを含めて世界から信頼を勝ち得てきたのです。それが本当かどうかはわからない点もありますが、それをワンセットにすることによって、例えば私たちも護憲と言うときに、「9条を守ろう」ということはストンと入るけど、護憲の中には天皇制も守ることも含まれ、その時に「うん？」と首をかしげる人も入れば、「いいんじゃないの」という人もいるので、そこは少し微妙だと思います。ですから護憲と言っても、その内容に温度差があることは理由があるわけです。

こうしてともかくこの9条をもって日本は世界から信頼を受け、1964年には戦前開けなかった東京オリンピックを開催し、さらに1968年にはオリンピック景気も手伝って世界第2位のGNP経済大国になる。また70年には大阪万博を開催、さらに経済成長に拍車がかかりました。このようにまさに9条によって一応の経済成長を勝ち得たわけです。

しかし今日、日本が経済成長を勝ち得た理由を聞くと、安保繁栄論、つまり安保があったからだという考えが幅を利《き》かせています。私はそうは思いません。やはり9条があったからこそこの国はとりあえず、平和を保つことができたのです。今経済は中国に抜かれていますし、格差社会にもなっていますが、とりあえず食えるようになったということの理由には、私たちの先達が一生懸命働いてきたということと同時に、そういう環境を作り出したのが9条であったということです。このように私は9条繁栄論、9条効果論を言っていますが、やはりどうしても安保繁栄論のほうが主流になっています。ですからみなさんにはぜひ9条繁栄論、9条効果論を広げていただきたいと思っています。

■後法優先論

さて、その9条が今、先ほど述べたように実質変えられようとしています。「いや、いいじゃないか、残るんだから」という声がありますが、それは違います。法律には後法優先論という原則があります。前に出てくる項目と違う項目が後ろに出てきたら、後ろに出てきたほうが優先するという原則です。そしていくら9条の1項、2項で戦争放棄や戦力不保持を書いていても、後ろに「自衛隊があります」と書いてしまえば、それが9条のコア、中心になってしまうのです。ですから結局、戦争放棄、戦力不保持が無効化されるということです。あっても機能しないのです。これが自衛隊加憲論の一番の狙いです。

問題はなぜ〝9条の2〟というもう一つのセットを用意しようとしたのかです。それは自衛隊という武力装置によって日本国家の世界の中での存在を高めようという思惑があるからです。2016年6月でしたか、日本共産党の政策委員長をしていた藤野保史《ふじのやすふみ》衆議院議員が、少し言い過ぎたかもしれませんが「防衛費は人を殺すための予算」とテレビで発言したものだから猛烈反感を買って、陳謝し、政策委員長を辞めるという出来事がありました。おそらく藤野議員は、自衛隊が戦闘行為に入った場合、人を殺《あや》める可能性のある組織である、と言いたかったのではないかと思います。確かに人を殺める一種の暴力装置として軍隊は存在します。

しかし私に言わせると表現の仕方の問題はありましたが、暴力装置という表現は政治学の世界では当たり前に使います。国家暴力のことですが、「国家は暴力の独占者」という言い方をします。つまり、国家はやろうと思えば他国民に対して暴力を振るうことができてしまう。また、自衛隊を使って国民を抑圧する、あるいは他の国の人々を抑圧、殺戮するということが、国家が暴力の独占者であるがゆえに可能なのです。それを不可能にさせたのが憲法9条でした。この9条の本来の役割を形骸化させるということは、いよいよアメリカのように日本国家が弱き人たちを抑圧、殺戮、あるいは排除する権限を持つことになってしまう。でもそんな国家を誰が望むのでしょうか。真逆の発想です。それは戦後、平和と民主主義を基調にして世界の信頼を勝ち得ようとした、その行為を完全否定するものであり、その意味で自衛隊加憲には私は大反対です。

この改憲が実現するしないに関わらず、こういうことを時の最高権力者が主張するということ自体が、世界に向けて日本はこれから国家暴力を振るう、彼らの言葉で言えば「普通の国家」に堕《だ》しますよと言っているわけです。そういう国家にならないことを求めて、平和と民主主義を基調にした国づくりを先達の人たちが一生懸命やってきた、あるいは私たちもやっている、それを水泡に帰する行為です。それでいいのでしょうか。私たちの先輩たちに申し訳ないという気持ちすら抱きます。

テロ、テロリズムという言葉があります。確かにテロは許されない行為ですが、でも最大のテロリストは国家です。私の尊敬する学者で西川長夫《にしかわながお》さんという方がおられましたが、西川先生は「ＩＳなどのテロは弱者の戦争だ」と言われます。もちろんテロを認めているわけではありませんが、弱者がそういう形で自ら訴えをしようとしている。現象としてはそういうようになっています。だけどももう一方で考えないといけないのは、「戦争とは強者のテロである」と言われていることです。弱者のテロも強者のテロもいけないということですが、その国家のテロを果敢に行ってきたのがアメリカです。

朝鮮戦争、ベトナム戦争、グラナダ侵攻、さらに秘密裏にＣＩＡを使って戦争を仕掛けてきた。ソ連もそうです。１９８０年のアフガン侵攻。イギリスもフォークランド紛争では原子力潜水艦まで投入してアルゼンチンを叩いた。さらに中国はベトナムとの中越紛争…。となると世界の主要国で戦争をしていない国に日本が入ると思われますが、それは違います。2004年にイラクに派兵していますから。そして怪我人も出した。このようにみるとアジアで1951年以降戦争をしていない国は実は北朝鮮ぐらいです。意外や意外です。朝鮮戦争以降はしていません。韓国はベトナムに延べ33万人派遣し、5700人の若き韓国の青年が亡くなりました。このように多くの国が国家暴力、これがいい暴力か悪い暴力かは別ですが、今や日本が国家暴力としてのテロさえ犯しかねない国になってきたということです。

■自衛隊はすでにアメリカの〝第5軍〟

ではなぜそこまでするのでしょうか。それを安倍晋三さんやお友達に聞くと、「だって中国が攻《せ》めてくるかもしれない」「北朝鮮が何をするかわからない」「だから国家の暴力を事前に振えるような権能を国家が持つことがなぜわるいんだ」というのです。それを担保するために憲法に明記するのだということです。法律のレベルでは弱すぎるからだと。

しかしそのように仕向けているのが、アメリカであることは言うまでもありません。アメリカが集団的自衛権をいつやるんだ、いつ踏み込むんだと言ってくる。また安保関連法を早く作れ、早く作れと言ってくる。つまり憲法を変えるというのは至難の業《わざ》だから、法律であっても実質的に憲法の中身を凌《りょう》駕《が》するような法律を作って、自衛隊を自在に海外に出せるようにしろというわけです。

２０１８年10月、ジャパンハンドラーと言われるリチャード・アーミテージやジョセフ・ナイたちの四回目となるレポートが出ました。この人たちが日本の防衛政策の方針を決め、それをそのまま自民党政権が「はい、わかりました」と忠実に履行《りこう》するのです。こういう怖い世界です。そしてその新しいレポートには、日本はこれまで以上にアメリカの軍の一翼を担う役割を果たすべしと書かれています。いよいよ自衛隊もアメリカの〝第５軍〟に成り下がったのかと思います。〝第５軍〟とは何でしょうか。実はアメリカ軍は、空軍、海軍、陸軍、そして海兵隊の４軍編成ですが、それに自衛隊が〝第５軍〟として参加しているという私の皮肉ですが、実態はまさにそういう状態になっています。

ですから自衛隊の高級官僚や指揮官などがアメリカの大学に行ったり、アナポリス（海軍兵学校）やウエストポイント（陸軍士官学校）に行ったり、ミサイル発射訓練をするなど、いろんなことでアメリカに行っています。アメリカの軍事教官に学び、もちろんそれは英語でするわけですが、その結果、完全に自衛隊の高級官僚の頭の中はアメリカンナイズされています。そのためアメリカでは自衛隊は非常に優れていると、たくさんの武器も買ってくれているし、本当にアメリカ軍と一体化している、使いやすい軍隊だと言われています。また日本に展開するアメリカ軍の基地負担も全面的に看てくれる。思いやり予算です。

アメリカは韓国も同盟国として頼っていますが、あまりにも中国に近すぎる問題があるので、やはり海を挟んだ日本列島はアメリカのアジアにおける覇権主義を担保する絶好のロケーションであり、また親米的世論が圧倒的だということで、辺野古の問題もあるけどおしなべて見るとアメリカとして日本の基地は運用しやすく旨味が多いのです。

ですから自衛隊をどんどん頑強な軍隊化することによって、アメリカの〝第5軍〟にしているのです。アメリカの最新の戦略、沖合均衡戦略といいますが、なるべく平時にあっては日本近海、あるいはアジア方面には主力部隊は置かない。もし戦時に、あるいはキナ臭くなったらグアムやハワイから駆け付けるということです。つまりこれは巻き込まれたくない、少しぐらいの紛争なら自衛隊に対応させ、後方で支えてやるというような同盟国分担体制に切り替わっているのです。

そういうアメリカからの期待を背中に受けて、法的レベルでは集団的自衛権とか安保関連法などが作られ、ハードの面では軽空母のようなものやイージス艦など、つまり、自衛隊はアメリカに次ぐ質的量的にも大きな戦力を持つようになってきました。そこでこの自衛隊を自由に使いたいアメリカのために、その自衛隊を憲法に明記しようとしているのです。それが大きな問題になっているのです。

■文民統制は形骸化し、軍人統制が実体化

これが自衛隊の現実ですが、私に言わせるとそれは戦前の日本の軍隊とあまり変わらなくなったと言えます。戦前は軍の政治、軍政を担当するのが今の防衛大臣にあたる陸軍大臣、海軍大臣でした。だけど実際の旧帝国陸海軍の軍人をコントロールするのは、陸軍では参謀総長、海軍では軍令部総長という人たちでした。参謀総長や軍令部総長は天皇直結です。つまり陸軍大臣や海軍大臣は予算や編成には責任があるけど、どういう作戦で戦争をするかについては参謀総長や軍令部総長の管轄事項だったのです。そして天皇に対してはいつでもモノを申せる立場にありました。これを帷幄上奏《いあくじょうそう》と言いましたが、つまり旧帝国陸海軍そのものは天皇の軍隊、略して皇軍《こうぐん》と言われ、その中でも軍令部の作戦立案責任者は、天皇に直接モノを申すことができた。それが戦前の非常に大きな機能で、その人たちが政治にも口を出していたというよりも、政治を放っておいて自分たちの好きなように戦争をしていたということです。

だから戦後は文民統制という新しい軍（自衛隊）を統制する制度を導入しました。ところが、２０１５年９月に防衛省設置法12条が改変され、自衛隊の制服組トップ（武官）と防衛省のトップ（文官）の防衛大臣を補佐する権限が同格になりました。今までは上下の関係だったものが同じになってしまった。自衛隊の最高指揮官は総理大臣、つまり現在は

安倍首相ですが、自衛隊を直接指揮監督する責任者は防衛大臣です。その防衛大臣の役割を実質代行する防衛省のトップがいて、その下に自衛隊制服組のトップ、統合幕僚長がいるというタテのラインでした。ところが防衛大臣の横に防衛省のトップと同等の権限を持つ統合幕僚長がいることになった。ということは戦前の軍令部総長と参謀総長を一人にしたものが統合幕僚長ですから、戦前とまったく同じになったということです。

これはとても由々しき問題で、今の河野克俊統合幕僚長は安倍首相ととても仲が良く、首相官邸を頻繁に訪れています。こういう人が日本の防衛方針や日米同盟にどんどん口を出している。ですから自衛隊の文民統制はほとんど形骸化、換骨奪胎《かんこつだったい》されて、もしかすると軍人統制、軍人介入が実体化されているのではないかとさえ思います。

■日本の最初の侵略戦争の地で

ところで、台湾の一番南に牡丹郷《ぼたんごう》というパイワン族の一族が住む地域があり、そこで国際シンポジウムが二度行われ参加したことがあります。ＮＨＫの大河ドラマ「西郷どん」こと西郷隆盛の弟で西郷従道《さいごうつぐみち》という人物が登場していますが、実は彼が１８７４年に３６００名の軍隊を率いて、その牡丹郷に侵入・侵略しました。なぜ侵略したのかというと、前年に宮古島の御用船が台風に遭って流れ着き上陸したのがこの牡丹郷で、乗組員たちは流れ着いた当初介護などを受けていたのですが、何か行き違いがあってそのうち54名が殺され、そのことに対する報復というのが表向きの理由でした。明治政府ができたばかりのころ、日本は南方進出をしたいと思っていたので、これ幸いということで有無を言わせず上陸して、牡丹郷の人たちを殺戮《さつりく》したのです。これが実は日本の最初の侵略戦争でした。

そのシンポジウムで私はこう言いました。「日本は１８７４年にこの地で最初の侵略戦争を始めてから、ほとんど戦争をし続けてきた。この20年後に起きたのが１８９４年の日清戦争。そして10年後に日露戦争。さらに10年後に第一次世界大戦というように、まさに戦争の連続で、暴力の連鎖が止まらなくなった。こうして戦争によって国を養う、つまり、戦争国家と言ってもいいと思いますが、連綿と戦争を続ける国が日本だった」と。

そして戦争を続けることによって軍人が威張る、跋扈《ばっこ》する。軍人と関わることによって新興財閥が生まれました。例えば日産の前身である日本産業株式会社、それに日本窒素、日清製粉、日清紡などはそういう形で、軍と一緒になって中国などで大儲けをすることで続いてきました。ですから、そういう企業、財閥にすれば戦争とは儲かるもんだというものでした。しかしその後、敗戦でもうこりごりだと思いきや、朝鮮戦争でまたボロ儲けをする。ベトナム戦争でもボロ儲けをする。ですから企業は戦争によって大きな利益を手にしてしまうという構図があるわけです。それが戦争の利益構造、あるいは軍拡の利益構造です。

その牡丹郷に行った年が2004年でしたが、こうして連綿として戦争を続けて、戦後は脅威になりませんと宣言したにも拘《かか》わらず、その年、イラクに自衛隊を派遣して日本は戦争参加国になりました。イラクにしてみれば日本は完全に参戦国にカウントされていますから、道路を作ったり病院建設に行ったんだと言っても、それは違ってました。猛烈な戦闘行為に巻き込まれていて、それが日報問題で隠されていただけで、日本は残念ながら参戦国になってしまっています。

■中国・北朝鮮は全く脅威ではない

さてここで、日本は脅威になりませんと言いながら、実は日本自体が脅威になっているということをお話しします。先ほども言いましたが、おそらくみなさんの中にもそうは言っても、「自衛隊は最低限必要だよね」という方は多いと思います。やはり脅威がいっぱいあるのだから、「備えあれば患いなし」という便利な言葉がありますが、患いを除くために使わなくても済むことを願いつつ、やはり刀や鉄砲はある程度は持っておきたいというのも、偽らざる感情だと思います。では私たちが脅威だと言い募る中国は、本当に脅威なのでしょうか。結論から言いますと中国は全く脅威ではありません。なぜなのか。

まず一つは、中国の国造りを見ると、それは一目瞭然です。中国は守ることには非常に躍起になっている国です。いま中国は、A2／AD戦略（Anti-Access/Area Denial）を採用しています。アプローチとアクセスを拒否する戦略、接近阻止・領域拒否という、つまりやって来られるのが嫌だということです。かつて中国の王朝は、北方民族の侵略に備えるために、万里の長城を築きました。月からでも見えると表現される長城ですが、これを作らないと北方民族からの侵略を防ぎきれない。それから歴代の王朝は防波堤を作らないと王朝としての正統性を得られませんでした。守ってくれないなら信頼しないよということです。それと同じで中国は、19世紀から20世紀にかけてイギリス、フランスなど外国の侵略を次々に受け、長い間多くの人たちが犠牲になりインフラを破壊され続けてきた。その上に1937年、本格的に始まった日中全面戦争以降、2000万人以上の人が亡くなり、今でもその傷跡がいっぱい残っています。

私は1986年に南京に行きました。そこで記念館の裏の畑に連れて行かれて「ここを掘ってみなさい」と言われ畑を掘ると、コツンと当たるものがありました。石に当たったのかと思ったらそれは人骨でした。つまり人骨があちらこちらに埋められるというよりも、横たわっている場所に、適当に土をかぶせたような状態でした。今は遺骨収集が完全に行われているはずですが、それが30年前のことでした。

そういう実態と苦しさがあり、中国ではどこに行っても「あの戦争を忘れないようにしましょう」という標語があちこちに掲げられています。観光地にもあります。それだけ自分たちは、二度と戦争に巻き込まれて犠牲になるのは嫌だという気持ちが強い。ですから１９４９年から中国共産党が建国を始めますが、共産党が中国人民から信頼・信用される最大の行いは、やはり防御を固めることだったのです。

また同じ年に、１９８５年12月に創設された北京の頤和園《いわえん》近くにある中国軍高級幹部を養成する国防大学を訪問したことがあります。副校長と面談する機会があり、「中国の核武装は被爆国日本として容認できないが」と質問しました。すると副校長は「それは防衛のための核であり、絶対に先制攻撃することはない」と言いました。確かにあの時に中国が持っていた核兵器を先んじて撃つことは技術的に難しく使いづらい兵器でしたが、彼は防衛核だと断言していました。核兵器を防衛核と攻撃核に分けることは技術的には簡単にできるのですが、だけど一般の人に向かって防衛核だから大丈夫だと言っても伝わりません。

かつて日本でも「侵略」を「進出」と置き換えて、侵略を正当化したことがありましたので、なんとでも言えるよということで、それが防衛核だと言われても納得できないですよと、生意気なことを言って帰ってきたことを覚えています。ただ中国ではどんな核兵器にしても、世界一の核戦力を持っていた当時のアメリカやソ連に対峙していくためには、やはり持たざるを得なかった。そうしないと中国の10億人からの信用を得られない。いま中国には14億人の民がいますが、そのうち中国共産党の党員は名目上９０００万人ぐらいですが、いわゆるエリート官僚党員は30万人ぐらいと言われています。彼らが14億の民を統治していくわけです。その統治能力を何で測るかというと、それが経済と軍事です。北朝鮮も中国のミニ版で同じです。核武装大国、経済強国。そんなことが特に北朝鮮の場合、鳥取県ぐらいの経済力しかない北朝鮮にできるのかと思いますが、しかしそうして今まで突っ走ってきたわけです。

このように「守る」ということがいかに大事なのかということです。ですから中国には攻撃する能力はありません。また先日、中国は２隻目の航空母艦を造っていました。これまで欲しかった航空母艦をやっと手に入れました。その一番艦は遼寧《りょうねい》という名前です。元は旧ソ連のウクライナで建造され廃船にされようとしていた屑鉄同様の航空母艦を購入、大連に曳航してきて修理したものです。カタパルトが付いていない非常に時代遅れの航空母艦で、２隻目も同じ型のものです。そういう意味で言うと、アメリカの航空母艦とは全然質が違う、後世代の航空母艦、つまり戦力にはならない航空母艦です。

それよりも中国がいみじくも言うのですが、日本の海上自衛隊が装備している「かが」

や「いずも」などのヘリ空母のほうが空母戦力としては圧倒的に勝っています。海上自衛隊は「多用途運用護衛艦」と表現しますが、見ただけで分かるように操舵室が右舷に配置され、とても広大な甲板を装備しています。最大14機のヘリを搭載できますが、近々にF35Bを42機購入する予定で、これはハリアーと同じように垂直に上がり飛び立つことができる戦闘爆撃機です。これが配備されると、もうどこから見ても事実上の空母になります。二番艦が「かが」ですが、「かが」とはミッドウェー海戦で沈んだ航空母艦の名前です。その戦前の軍艦の名前を海上自衛隊は平仮名にしていますが引き継いでいるわけです。今の「かが」は戦前の「加賀」より大きく、長さが248メートル、標準排水量が1万9千トン、実際には2万トンを超えています。こういう空母をすでに2隻保有し、これからも次々に建造していき、海上自衛隊はいつかはアメリカのような正規空母を造りたいのです。その空母を守るために1隻1300億円のイージス艦をすでに6隻持っています。こういうものは明らかに専守防衛型の正面装備ではなく、外国・外地に行って行う戦闘行為、しかも世界最高の軍事力のアメリカ軍と一緒になって行動できる戦力整備です。一体何を考えているのかということです。自衛隊がこのように巨大化しているということは、もちろん日本国憲法違反ですし、日本のあるべき姿ではないと思います。

北朝鮮は日本を攻撃する意図も能力もありません。北朝鮮が日本を攻撃すると思ってい

郵　便　は　が　き

恐れいりますが、
切手を
お貼り願います。

553-0006

大阪市福島区吉野
3-2-35

日本機関紙
出版センター行き

【購読申込書】

＊以下を小社刊行図書のご注文にご利用ください。

[書名]　　　　　　　　　　　　[部数]

[書名]　　　　　　　　　　　　[部数]

[お名前]

[送り先]

[電話]

ご購読、誠にありがとうございました。
ぜひ、ご意見、ご感想をお聞かせください。

＊お寄せ頂いた方の中から毎月抽選で
20人の方に小社の本、どれでも1冊プレゼント！

［お名前］

［ご住所］

［電話］

［E-mail］

①お読みいただいた書名

②ご意見、ご感想をお書きください

（プレゼント希望の書名：　　　　　　　　　　　　）

＊お寄せ頂いたご意見、ご感想は小社ホームページなどに紹介させて頂く場合がございます。ご了承ください。

ありがとうございました。

日本機関紙出版センター　でんわ 06-6465-1254　FAX 06-6465-1255

る方がここにおられますか。たとえ千歩譲って能力があったとしても、意図はありません。窮鼠猫を噛むということがひょっとしたらあるかもしれません。猫はアメリカ、鼠は北朝鮮で、気づいていたら噛んでいた、そこに尻尾があったから。だから猫がそこに行かなければ手を出すわけはないし、手を出せるわけがない。いま北朝鮮が手を出したらどうでしょうか、３日持つでしょうか。こう言うと北朝鮮から怒られるかもしれませんが、純軍事的に見るとそうなります。なぜなら巨大なアメリカの核戦力、機動部隊、韓国に展開している約３万の米軍、日本に駐留している約５万の米軍、そして日本の24万の自衛隊、さらに韓国国防軍。完全に北朝鮮は包囲、殲滅される可能性があります。それを金正恩《キムジョンウン》朝鮮労働党委員長は知っているから、もうそろそろという形になってきたというのは間違いないと思います。

このように北朝鮮も中国も脅威ではありません。それなのに日本は戦前と同じように作られた脅威の中で国策を誤ってきたのです。最初は中国を「眠れる獅子《しし》」と言って恐れさせ、清国が潰れたら今度はロシアを「北極の巨熊」と言い、戦後はまず中国脅威論で始まり、続いてソ連脅威論になり、そのソ連が無くなった後はどこかに脅威はないかと探すと北朝鮮があり、そのうちに北朝鮮との話が片付きつつあるときに、もう一度出てきたのが中国脅威論です。

■三反三自の精神で

つまり私たちは脅威という虚妄の中で国策を誤り、誤った安全保障観にとらわれ、その結果本来は専守防衛に徹すべき存在である自衛隊を軍隊（国防軍）にしようとしているのです。こういう非常に大きな過ちを犯そうとしている。そしてこの過ちを犯そうとすることは、先の戦争で亡くなられた日本の戦没者の方たちだけでなく、中国2千万人を含め、アジア太平洋戦争で4千万という人たちを殺してしまった歴史の教訓を完全に否定することになります。

それでいいのですか。そうじゃないでしょうと、そういう長い話の中でこの自衛隊加憲の問題を考えていくべきではないでしょうか。ぜひみなさん、自衛隊の問題についても関心をさらに持っていただき、いろんな議論にも加わっていただきたい。反戦平和、そして「三反三自《さんぱんさんじ》」、三反とは「反戦、反帝国主義、反軍国主義」のことで、三自とは「自由、自治、自立」のことですが、この「三反三自」の精神が実は平和と民主主義の精神です。それを私たちは実行していかなければいけない。そういう責務を全世界の人たちに約束している。その象徴が憲法9条です。そのことを最後に申し上げて終わりにします。ありがとうございました。

第2章　自衛隊加憲論とは何か

はじめに　なぜ、いま自衛隊加憲か

みなさん、こんにちは。明治大学の纐纈厚です。本日の演題は「自衛隊加憲は何を意味するのか」ということで、昨年（２０１７年）５月３日の憲法記念日に、日本会議が主催する集会にビデオメッセージの形で明らかにされた安倍晋三首相の自衛隊加憲構想について、それが一体何を目的としたものであるかを中心にお話をさせて頂きます。唐突感や違和感の強い自衛隊加憲論は、もちろん安倍首相の個人プレーというだけで片付けられるものではありません。自衛隊加憲案に示されたように、自衛隊の在り方を根本から変えようとする流れが、やはり背景には色濃く見えてきます。

それでは、こうした提案がなされる背景には一体何があるのでしょうか。本日の話の中心は自衛隊加憲問題ですが、同時に加憲されるという自衛隊の現状についても、特に文民統制の問題と絡めて触れてみたいと思います。加えて自衛隊を取り巻く環境についても、対米関係や中国・北朝鮮脅威論を素材として簡単に触れておきたいと思います。

御存知の通り、自民党を中心に改憲案が相次いで出されていて、それぞれ強調する内容が異なります。それもあって、みなさんも一体どの改憲案が具体化されるのかと思っておられると思います。時には自衛隊の国防軍化、緊急事態条項の問題、天皇元首制の問題など、争点はたくさんあります。

それぞれの争点は重大な問題を含んでおり、しっかりと議論を重ねる必要がありますが、ここでは自衛隊加憲を取り上げたいと思います。それまで自衛隊については、自衛軍にする、あるいは国防軍にする、などの案文が飛び交っておりました。安倍首相は誰と相談したのか分かりませんが、現行の憲法9条の1項と2項はそのまま残して、新たに〝9条の2〟を用意して、そこで自衛隊の憲法明記を打ち出したのです。

2018年10月2日、自民党総裁選挙で3選を果たした安倍首相は、今後3年間の任期のなかで、あらためて改憲への強い意向を示しています。そのなかで一番実現したいと思っているのが、実はこの自衛隊加憲ではないか、と受け取られています。

それは、現行の1項（戦争放棄）と2項（戦力不保持）には一切手を付けず、これに〝9条の2〟という新たな条文を追加する内容です。そうなると現行の9条1項と2項は、〝9条の1〟ということになります。これは、一種の加憲論です。自民党内外の改憲論者たちに、この加憲論が文句なく受け入れられているわけではありません。実は自民党内でも安倍首相の自衛隊加憲論には、当惑している議員が多いと聞いています。それでも安倍首相の主導する自衛隊加憲案が、当面は憲法改正論議の中心に据えられていくことは間違いありません。

そこでこれからのお話の中では、次の3点に主に触れることにします。

第一に、この加憲案が最終的に文民統制を破壊し、制服組による事実上の政治介入、戦前で言えば統帥権《とうすいけん》条項を盾にとっての軍部の成立に及んだ歴史の繰り返しに結果するのではないか、ということです。敢えて言えば、今回の加憲案が統帥《とうすい》条項の復活にも相当する試みとして把握できるのではないか、ということです。

第二に、憲法に自衛隊明記することで、自衛隊統制の実効性が担保されるはずだとする、いわゆる「立憲的改憲論」が、最後には安倍首相の主導する改憲の流れに組み込まれていく可能性があるのではないか、と指摘することです。いわゆるリベラルとされる人々のなかにも、ひょっとするとこの議論を肯定する空気が流れはじめているのではないか、との深い危機感を抱きます。それで第一の点を踏まえ、自衛隊の歴史や役割などを含め、自衛隊とは一体いかなる実力組織なのかについても触れていきたいと思います。

第三に、自衛隊問題として正面から日本の安全保障の問題を取り上げ、議論していかなければならないのに、それが文民統制により、ある意味では阻まれてきた現実を指摘します。要するに自衛隊問題を文民統制問題で片付けてしまう傾向が強すぎたのではないか、と言いたいのです。その文民統制の現状についても考えてみたいと思います。

少し前口上が長くなりましたので、先に結論を言えば、9条1項と2項への国民の支持が極めて強いことから、この〝9条の2〟案が、9条1項と2項に手を触れないで、改憲の最終目標を達成するための巧みな迂回作戦として案出されたことです。自衛隊を憲法に明記し、近い将来自衛隊を正真正銘の〝新日本軍〟(国防軍)として再定義したいのです。そして、アメリカ軍と共同軍の一翼を担い得る実力部隊へと引き上げ、将来の国際秩序のなかで主要な役割を演じることを意図していることです。安倍首相が再三主張する「戦後レジームからの脱却」という危険な野心を実行に移すにあたって、自衛隊が強力な物理的基盤となるだけでなく、そこには国民意識のなかにも〝国防意識〟を植え込み、大国日本としての誇りを取り戻したい、とする思いがある、ということです。重ねて言えば、自衛隊加憲案は、国防軍の創設のための二段階方針の第一段階であり、国防意識の注入による国民統合の思惑が込められているということです。

1　自衛隊拡大に歯止めがなくなる

■現行９条の扱いはどうなるのか

自衛隊の憲法への明記は、一体どのような内容かを先ず見ておきたいと思います。現行憲法の第９条は言うまでもなく、１項（戦争放棄）と２項（戦力不保持）を謳っています。今回、自衛隊を憲法に明記する、いわゆる加憲論が出てきたので、便宜的に現行の第９条を敢えて〝９条の１〟としておきます。そして、安倍首相の自衛隊加憲の部分を便宜上〝９条の２〟としておきます。少し紛《まぎ》らわしいのですが、御了解願います。それでは先ず現行憲法の条文と合わせて書き出しておきます。

第２章　戦争の放棄〔戦争の放棄と戦力及び交戦権の否認〕

９条　日本国民は、正義と秩序を基調とする国際平和を誠実に希求し、国権の発動たる戦争と、武力による威嚇又は武力の行使は、国際紛争を解決する手段としては、永久にこれを放棄する。

２　前項の目的を達するため、陸海空軍その他の戦力は、これを保持しない。国の交戦権は、これを認めない。

これに加えて〝9条の2〟が以下の内容で加憲案として出てきたのです。現行の9条と明確に区別するためにゴシック体で記しておきます。

〝9条の2〟

前条の規定は、我が国の平和と独立を守り、国及び国民の安全を保つために必要な自衛の措置をとることを妨げず、そのための実力組織として、法律の定めるところにより、内閣の首長たる内閣総理大臣を最高の指揮監督者とする自衛隊を保持する。

2　自衛隊の行動は、法律の定めるところにより、国会の承認その他の統制に服する。

要するに、ここでの主題は「自衛隊保持」と「自衛隊統制」です。〝9条の2〟の1項で、平和と独立、国家と国民の安全保持のために「必要な措置」を採るための武力装置として位置づけることが、自衛隊を憲法に明記する理由だと言うのです。

問題は、現行憲法の9条の1項を正面から否定していることです。平和憲法の根本原理である「自衛の措置」が武装自衛を前提として解釈されているのです。主権国家として当然に自衛権は持っていますが、現行憲法を正しく読めば、その自衛権は非武装による自衛権の行使であることは明らかなことです。自衛権は何も軍隊を保有することによる武装自衛権だけではなく、非武装自衛権という考え方があるのです。日本国憲法第9条は、まさにこの非武装自衛権を義務づけた憲法であり、そこから平和憲法という呼び方がされてきたのです。

■自衛隊加憲で何が変わるのか

歴代の政府が「最低限度の自衛力」の文言により、ギリギリのところで自衛隊を位置づけ、自衛隊の〝軍隊化〟にブレーキをかけてきた、その努力を水泡に帰してしまう案文です。「自衛隊統制」について言えば、将来自衛隊が「軍隊」として憲法上容認されていくことを前提にし、軍隊化した自衛隊が法律や議会（国会）により形式的には統制を受ける建前の下に、その合憲性を確保しようとしたものです。しかし、そのことは現在世界で5本の指に入るとさえ言われる実力を持つ自衛隊の、さらなる増強を許してしまうことになります。その意味でも自衛隊加憲論は、自衛隊の拡大強化への歯止めを事実上外したに等しいものとなります。その点で危険極まりない内容なのです。

これまで自衛隊を法律の段階に押し留めることにより、文民統制を機能させてきたのですが、現在自衛隊法という法律によって規定されている自衛隊という組織を憲法に明記することにより格上げすることになれば、9条による事実上の自衛隊統制が完全に損《そこ》なわれることになります。現行の9条は、自衛隊をも含む、あらゆる「戦力」を持たないと宣言することで、実力組織への抑止・統制を行っているのです。自衛隊加憲は、憲法による統制から離れて自己規制に期待するしかなくなります。諄《くど》いようですが、現行の自衛隊法は、自衛隊を規制する役割を担っているのですが、法律よりも上位にひとつの行政組織として認知されてしまうと、憲法による自衛隊抑止に限界が出てきます。

この点に絡み、自衛隊合憲論の立場を採る、いわゆる立憲的護憲論の主張は極めて疑問とせざるを得ません。現在、朝鮮半島情勢の変化に対応して、日本が率先して自衛隊軍縮と同時に、当面は東アジア地域の非核化、さらには非武装化への音頭を採《と》らなければならないのに、これと真逆の主張を敢えてするのは、極めて大きな問題と言わざるを得ないのです。

そこから問題とすべきは、ならば9条と自衛隊の相互関係を、一体どのように位置づけたら良いのか、ということです。今回の憲法改正に絡む最大の焦点でもあります。安倍改憲論の最大の目的も、実にこの点にあるのです。つまり、強大化した自衛隊と、戦争放棄及び戦力不保持を明記する現行憲法との乖離《かいり》を埋めるというのが、安倍改憲論の狙いにあることは間違いありません。

非常に単純化して言えば、解答は自衛隊明記によって自衛隊の軍隊化を容認するのか、それとも明記しないで将来において、段階的であれ解体へのプロセスを設定するか、の二者択一の問題となっていくことでしょう。もちろん、その中間的形態としての専守防衛に徹する自衛隊、あるいは国土警備隊的組織への改編なども構想されます。そして、余剰の隊員は国内及び国際レスキューレ隊への配置転換なども想定されます。

自衛隊の軍隊化（国防軍化）について言えば、すでに集団的自衛権行使の容認と、これを法的に担保する安保法制において、かなり攻勢的な武力行使の要件が設定されてしまいました。改憲案には、「我が国の平和と独立を守り、国及び国民の安全を保つために必要な自衛の措置をとることを妨げず」とあり、実は安保法制以上に「自衛の措置」を採用する許容範囲を無制限化しているのです。

ここでの問題は、日本の平和と独立、国家と国民の安全が棄損される可能性がある場合には、「自衛の措置」をストレートに採ることを前提にしていることです。このことは、〝9条の2〟の前に置かれる9条1項の戦争放棄、2項の戦力不保持という重要な歯止めを事実上解除することを意味しています。これは法の適用順位の決定規範に関して「後法優先の原則」があるために、そう解釈せざるを得ないのです。もし、9条1項と2項を活かすのであれば、〝9条の2〟は、その前に持ってくるはずです。後ろに置くことは、1項と2項とを事実上無効化することが主要な狙いとされているからです。実に狡賢い手法です。自衛隊加憲案は、現行の9条1項と2項に手を着けないで、国民の9条改憲への不安を取り除こうとする思惑が透けて見えます。

2　9条2項が禁止する「戦力」が登場する

■戦力が合憲化される

法の創りとして自衛隊加憲案で示された〝九条の2〟で明記される「自衛隊」は、明らかに現行憲法の9条2項が規定する「陸海空軍その他の戦力」でないことになります。繰り返しになりますが、「後法優先の原則」からして、そう解釈できる仕組みが用意されているのです。

そこでは平和と独立、国家と国民を守ることを理由として、自在に「必要な自衛措置」を採ることを許すとしており、集団的自衛権も縦横に行使可能となります。安倍政権は、集団的自衛権行使によってアメリカ軍との共同作戦を実行しようとしています。それは自衛隊の意向に合致しています。そのような改憲政府に統制されることは、何ら問題ないと自衛隊側を捉えているのでしょう。それが、結局は「自衛隊統制」を受け入れることを明文化する理由です。

それでは、一体何が問題となるのか。最大の問題は現行の9条2項の「戦力不保持」の内容が事実上無効化されることであることは、既に多くの指摘がある通りです。無効化されるばかりでなく、平和と独立を守るとの理由で、事実上戦力として合憲化された自衛隊が、集団的自衛権行使を理由にして、自在な軍事行動を許容することになることになります。

つまり、9条1項と2項とにおいては、「正義と秩序を基調とする国際平和」の実現のためには戦争に訴えず、それゆえに戦力も不要とする誓いが、〝2条の2〟によって事実上全面否定されるのです。法解釈上から言えば、〝9条の2〟で明示されている自衛隊は、現行の9条2項の規定力が無効化された例外規定ということになります。私たちが考えている専守防衛に徹する、極めて制約的な実力組織という実態から離れた、文字通りの軍隊(国軍)として再定義されることになります。その意味からすれば〝9条の2〟とは、文字通り、例外規定そのものなのです。

ここで明白にされるのが、繰り返すまでもなく、自衛隊の国防軍化です。

それでも自衛隊が「国会での承認その他の統制に服する」と明記しており、いわゆる文民統制が、今度は事実上憲法においても謳われることになり、文民統制が格上げされるのではないか、とする議論もあるかも知れません。しかし、この〝9条の2〟の2項を額面通りに受け取る訳にはいきません。

なぜならば、第一に自衛隊制服組の権限の強化拡大には、実際に歯止めがかからなくなっているからです。後ほど述べますが、文官統制の事実上の廃止、防衛省設置法第12条の改正による最高指揮官（首相）と直接の指揮監督を務める防衛大臣というラインの下に位置づけられる制服組と、背広組トップの位置が対等化している現実があります。

要するに、すでに制服組が防衛上（軍事上）の専門的領域においては、背広組トップの判断を否定してでも、防衛大臣や首相に意見具申可能なシステムに転換している現状があるのです。

第二には、戦前における大日本帝国憲法（明治憲法）第9条に示された「天皇は陸海軍を統帥《とうすい》す」（統帥条項）は、天皇が直接に日本軍を統帥（指揮）し、それゆえ戦前の軍隊が「天皇の軍隊」（皇軍《こうぐん》）とされたように、最高指揮官（首相）と現場を直接預かる制服組トップとの間に防衛大臣が入るとしても、事実上は〝首相の軍隊〟としての関係性が明瞭にされるからです。

確かに現行の憲法第66条で「内閣総理大臣その他の国務大臣は、文民でなければならない」とされ、その限り自衛隊の最高指揮官は「文民」です。その文民首相が統制すると規定することで、文民統制の堅持が明記されはしています。けれども、統合幕僚監部が、従来内局が保持していた作戦計画策定に関する権限も委譲するように迫っている現状から、もはや統合幕僚監部が戦前の参謀本部と海軍軍令部を合わせた強大な戦争指導機構としての役割を演じることは間違いところまで来ています。

■自衛隊の権限強化に拍車がかかる

今回の改憲案は、実はこうした自衛隊組織の権限拡大を、そのまま憲法によって、文字通り合憲化しようとするものなのです。その自衛隊が、統制に完全に服していくことは考えられないのです。

その実例として、2015年9月に実施された防衛省設置法改正第12条の目的は、防衛大臣の補佐として、いわゆる背広組（文民）の官房長や局長と、制服組（軍人）の各幕僚長らを同格とすることでした。本来は、官房長や局長の下に統合幕僚長や陸自・海自・空自の各幕僚長が位置づけられ、それが日本の文民統制の根拠とされていました。日本の憲法にも法律にも、文民統制に関する条項はありませんが、日本国憲法は一切の戦力を保持しないことを宣言しており、軍事組織なるものは最初から全く想定されていないからです。

それが、日本国民が文民統制に、少し無頓着であり続ける理由にもなっています。日本の文民統制の実態は、いわゆる国民（文民）に代わって、防衛官僚が統制を行ってきた経緯があります。そこから正しくは文官統制と指摘されてきたのです。現在では、その文官統制も骨抜きにされた状態にあります。

しかし、多くの国民は中国の軍拡や北朝鮮の脅威が解消されない限り、強力な防衛力としての自衛隊強化は必要だ、とする意見が圧倒的です。確かに南北首脳会談や米朝首脳会談が開催されるなかで、東アジア地域の軍事的緊張は軽減される方向にあります。

けれども、最低限度の防衛力は「備えあれば患いなし」として認めて良いのではないか、とする素朴な防衛力必要論も根強いことは確かです。その一方で、多くの日本国民には、日本の強大な防衛力なるものが、北朝鮮を含めた周辺アジア諸国に脅威を与えている、という現実に極めて無頓着です。また、防衛力とはいえ、侵攻可能な軍事力に転化するものであることから、現在は防衛力と攻撃力に区別はつかないのが軍事常識となっています。取り分け、日本の正面装備は専守防衛型というより外征型と言って、事実上の軽空母四隻を保有するなど、海外で一定の作戦に対応可能な強力な攻勢的装備となっているのです。

■憲法学の観点から

現在、改憲論議のなかで国家緊急権問題や天皇制元首化問題など、数多くの論点が議論されています。日本国憲法の根幹である平和主義とストレートな形でかかわる自衛隊加憲論は、その衝撃度からか極めて注目を集める課題となっています。そこで、少し憲法学の側面から参考とすべき議論を紹介しておきます。数多くの優れた論考が発表されていますが、ここではお二人の憲法学者の見解を簡単に紹介しておきます。

　最初は、私も平和憲法研究会でご一緒させて頂いていますが、この問題で精力的に発言をされている浦田《うらた》一郎《いちろう》氏（一橋大学名誉教授・元明治大学教授）は、「自衛隊加憲論と日本国憲法防衛と行政の関係を中心に」（『日本の科学者』第53巻第9号・２０１８年9月）のなかで、自衛隊加憲論には「憲法的効果」と「政治的効果」とが想定されるとしています。「憲法的効果」とは、「非軍事平和主義的な解釈が不可能になり、憲法上に軍事力の根拠規定が置かれることになる。その結果、軍事力制約的な要素が弱められ、拡大的な要素が強められることになる」（17頁）と指摘しています。つまり、9条は平和主義を担保するものであり、同時に軍事主義の理念や軍備拡大、組織権限の肥大化を抑制する効果を喪失する、としたのです。

　もう一つの「政治的効果」とは、「自衛隊加憲論は本来の2項削除改憲への橋渡しのための暫定措置とする複数（あるいは2）段階改憲論に基づいている」（同上）と記されています。つまり、安倍首相の最終的な目論見は、九条そのものの削除だが、国民世論の抵抗を回避するために第一段階として現行の9条の1項と2項には触れずに残置し、暫く時間を稼いだ後で、それを削除する二段階方式を採用しているということです。

これはいかにも安倍首相とそのブレーンたちが好みそうな手法ですが、余りにも国民世論を愚弄《ぐろう》した手法だと思います。この指摘は自衛隊加憲論を議論していくうえで、押さえておく必要のある重要な指摘だと思います。浦田氏は、この他にも「自衛隊加憲論の政府解釈」（『法律論叢』第90巻第6号・2018年3月）と題する50頁余に及ぶ論文を発表されています。非常に詳細な分析です。

もうお一人は、1975年に創立された軍事問題研究会でもご一緒し、私の最初の中国訪問（1986年8月〜9月）にも御一緒させて頂いた山内敏弘《やまうちとしひろ》氏（一橋大学名誉教授・元龍谷大学教授）は、「『安倍九条改憲』論の批判的検討」（『法と民主主義』2017年8・9月号）と題する論文のなかで、自衛隊加憲の結果として以下のことが考えられるとされています。

すなわち、①安保法制の憲法的認知、②際限のない「戦力」の保持、③徴兵制・徴用制、④自衛官の軍事規律強化、⑤軍事機密横行、⑥自衛隊のための強制的な土地収用、⑦自衛隊基地訴訟への影響、⑧軍事費の増大、⑨軍産複合体や軍学共同体の形成、などを挙げています。要するに、自衛隊加憲が、自衛隊の国防軍化を目的としたものであることは明確だと断じているのです。

以上、二人の優れた憲法学者の指摘からも、自衛隊加憲の危険性を十分に学ぶことができると思います。

3　文民統制の観点から自衛隊加憲を捉える

■文民統制を理解しない防衛大臣

私は一人の歴史研究者として長らく軍事と政治との関係（政軍関係）の在り方について関心を払ってきましたので、自衛隊加憲をこの政軍関係の観点から生じる問題について触れてみたいと思います。

少し余談から入ります。かつて防衛大臣を努めた人物に、防衛大学校出身者であり、第一空挺団空挺教育隊でレンジャー教官を務めた経験を持つ中谷元《なかたにげん》衆議院議員がいます。いまでは安倍政権から干された感があるものの、防衛庁長官や防衛大臣にも就いた自民党国防族の中心的な存在です。その中谷防衛大臣（当時）が、２０１５年1月11日、千葉県船橋市の陸上自衛隊習志野駐屯地を訪れ、パラシュート部隊の降下訓練で迷彩服を着用して降下櫓から、「防衛大臣・中谷元。ただいまから飛び降ります。防衛省、自衛隊、がんばろう！」と叫んで飛び出したことがありました。

いくら日々厳しい訓練を行っている自衛隊員を励ましたい気持ちがあったとしても、現職の防衛大臣が戦闘服である迷彩服を着用し、自衛隊幹部の号令の下に飛び降りるという有様は、一種のパフォーマンスに過ぎないからとしても、それは少しやり過ぎた感がありました。

その中谷防衛大臣は、就任当時の記者会見でシビリアン・コントロールがなぜ生まれたのかとの問いに、「私は戦後生まれだから分かりません」との珍回答で記者たちから失笑を買った経緯もある人物でもあっただけに、迷彩服を着用した防衛大臣がシビリアン・コントロールの出自について無理解ぶりを発揮したことと、飛び降り行為を合わせて考えると、背筋が凍る思いでありました。

かつて自衛官であった中谷議員が防衛大臣に就き、シビリアン・コントロールへの理解を全く欠落させていたことに唖然としますが、実は文民統制は、直接の責任者たちもこの程度の、理解と言えない理解しかしていないのです。文民統制が実はどれほど軽んじられてきたかの象徴事例として、これらのエピソードは繰り返し引用されるに値します。

先に述べた通り、憲法66条の2項には、「内閣総理大臣その他の国務大臣は、文民でなければならない」との規定があります。自衛隊などの実力組織を保有することを禁じた憲法が、それでも将来において、軍人が跋扈《ばっこ》した戦前の教訓から、文民＝非軍人の政治舞台への登場を事前に抑止した内容です。そこで少し文民統制（シビリアン・コントロール）が生み出された歴史の背景を辿ることにします

■文民統制の導入は歴史の教訓から

戦前の軍隊（旧軍）は、大日本帝国憲法第11条により、天皇が統帥権（軍隊指揮権）保持者として規定されていました。そして実際には、軍を指揮・監督する権限は、天皇を補弼する武官（＝軍事官僚）に全て委ねられていたのです。軍を指揮・監督する権限は、帝国議会（現在の国会に相当）にも内閣にも無く、事実上、軍は議会統制も内閣統制も受けることはありませんでした。

陸・海軍の統帥部の長官である参謀総長（陸軍）と軍令部総長（海軍）は、議会や内閣に責任を負うことなく、陸・海軍の最高司令官である大元帥天皇に「御下問《ごかもん》」と「上奏」という形式で意見具申する機会を与えられていたのです。これを帷幄上奏制《いあくじょうそうせい》と言います。その意味で旧軍への統制は、統帥権保持者の大元帥天皇にのみ委《ゆだ》ねられていたのです。

ただ、戦前期においても、１９１３（大正２）年6月13日に公布された陸・海軍省官制改正によって、西園寺公望《さいおんじきんもち》政友会内閣が現役軍人に限定されていた陸・海軍大臣の任用資格を緩和し、予備役までに拡げることに成功したことがあります。それは、軍部大臣のポ

ストに文官を登用する道を切り開く第一歩と期待されました。

さらに、1918年に成立した原敬《はらたかし》政友会内閣も、参謀本部や朝鮮総督武官制の廃止を断行しようとしたことがあります。実現こそしなかったものの、こうした政策構想は軍事を政治が統制することを意図して発意されたものであり、今日の文民統制に繋《つな》がるものでした。

これらの動きは、大正デモクラシーという戦前期民主化運動の高まりを背景にした、政治による軍の統制の試みであり、今日の視点に立って言えば、文民統制あるいは文官統制を視野に据えたものであったと言えます。

その意味では、戦前の日本でも、広い意味での文民統制実現への動きが事実として存在したのです。けれども、こうした政党の試みや、これを支持する民衆の動きに軍は猛烈に反発し、特に1930年4月の統帥権干犯問題《とうすいけんかんぱんもんだい》で、濱口雄幸《はまぐちおさち》民政党内閣と軍が正面から衝突するに至りました。

統帥権干犯問題とは、大日本帝国憲法（明治憲法）第12条の編成大権に関わる規定をめぐり、政府と軍との間で争いとなった事件でした。武器の調達や部隊の増設などに関する編成大権は、純粋な国務事項であり、直接には国務大臣で内閣の構成員である陸・海軍大臣の責任において、そして最後には、内閣の責任において決定されるとする解釈が当然とされていました。

ところが、軍は統帥大権と編成大権とは密接不可分のものであり、財政面を理由とした内閣による一方的な決定は、広義における統帥権を犯したことになると主張したのです。しかし、濱口内閣を支持する世論や東京帝国大学の美濃部《みのべ》達吉《たつきち》教授（憲法学）らの支援もあって、軍が主張する統帥権干犯論は当然のことながら論破されることになったのです。

このように、予算の側面から内閣や帝国議会が陸海軍を統制することは、明治憲法下でも可能でした。このような問題解決の経緯を追ってみると、内閣統制および議会統制が一応機能していたことになります。民衆の支持を受けた濱口内閣は、軍の条約反対論を退けることに成功しますが、これを機会に軍は、一段と反政党・反議会の動きを活発化させることになったのです。

事実、その翌年に軍は満州事変（1931年9月18日）を、さらに第一次上海事変（1932年1月18日）を軍の独断で引き起こしました。政治による統制から、いつでも逃れる実力を見せつけたのです。濱口首相を継いだ若槻《わかつき》礼次郎《れいじろう》民政党内閣は、軍の中国への派兵要求を抑えることができず、結局は軍の独走を許すことになりました。

軍の政治介入の代表的な事例として取り上げられる統帥権干犯問題の教訓は、戦前で言う統帥大権（＝軍令権）と編成大権（＝軍政権）とを区別するのではなく、これを一元的に政治の統制の下に置くことの重要性でした。軍政・軍令を統一し、文民がその権限を合わせ持つことは、いまでこそ文民統制の名によって常識化しています。

それで現在の文民統制は、こうした戦前の苦い体験が教訓とされて生み出されたことを繰り返し確認する必要があります。それゆえ、この歴史体験を否定するような文民統制の形骸化は、絶対に見逃すわけにはいかないのです。

4　自衛隊改編とアメリカとの関係は

■着々と進む自衛隊改編

憲法に明記されるという自衛隊の改編が進められています。自衛隊が9条の制約がありながら、今日世界でもトップクラスの実力を備える〝精強な軍隊〟となった背景には、何といってもアメリカとの間に結ばれた日米安保条約があります。日米安保は、その意味でまさに日本憲法を凌駕《りょうが》する存在です。一国の憲法よりにも、アメリカと結んだ条約が事実上上位に位置すること自体、一種の捻じれ現象と言ってよいと思います。そのことは、法治国家としてはかなり問題を含んでいると思います。

その事実上の同盟関係を背景に、アメリカの言う同盟国分担体制論のなかで、日本と韓国とは、アメリカが果たそうとするアジアでの覇権主義の肩代わりをしているのです。日米安保も韓米安保も、もちろん日本及び韓国を防衛するためのものではありません。また、アメリカは日本や韓国を本気で防衛するつもりもありません。アメリカの国益が侵されると判断した場合にのみ動くだけです。

けれどもそうしたアメリカの姿勢が、自衛隊強化の根拠づけとなってきたのです。アメリカによって強要された日米安保こそ、自衛隊増強の原因であり、自衛隊増強の推進剤となっているのです。

現在、アメリカの戦略転換に呼応する自衛隊の西日本シフトが一段と進んでいます。これはトランプ政権が誕生する以前から「Offshore Rebalancing」（沖合均衡戦略）の打ち出しが検討されていて、平時、アメリカ軍は可能な限りアジア地域から後退する戦略を採ろうとしています。つまり、「沖合」（Offshore）に後退しておき、有事にのみ紛争地域に出動展開するという戦略です。その分だけ、これまで以上に平時においては、アジア地域で自衛隊と韓国国防軍とが、アメリカ軍の〝代替軍〟として位置づけられることになります。そうした状況の下で、集団的自衛権行使の容認も安保関連法の強行採決も生まれたのです。

同時に自衛隊が実際にアメリカ軍との共同作戦を自在に展開できるように。例えば自衛隊の再編の一例としての陸上総隊の編成がなされました。自衛隊の国防軍化の第一歩とも言える具体的な改編です。

すなわち、「平成29年度概算要求」で「陸上総隊」の編成が企画され、陸上自衛隊内に創設されたのです。これは、現在の五個方面隊は残しながら、その上位部隊として陸上自衛隊が総力を挙げて自在に海外展開できる部隊として編制されたものです。陸上戦力の本格活用に備えての編成替えであり、陸上部隊の一元的運用に適合する部隊です。最終的には陸上総隊が、旧軍の参謀本部に匹敵するものとなるはずです。これは数多の自衛隊改編の一部に過ぎません。これに加えて最近になって浮上してきた「統合作戦室」の創設構想も極めて大きな問題です。

ところで、自衛隊の前身である警察予備隊は、事実上のアメリカの〈植民地軍〉（アメリカ政府内部の文書では「極東特別予備隊」Special Far East Command Reserve）と呼称されるものでした。その出自ゆえに国民に基盤を置かない、文字通り〝押し付けられた軍隊〟として戦後再軍備が始まりました。国民との乖離は埋まらず、自衛隊組織拡充に伴い、日本国民ではなく国家・政府・アメリカに従属することで、偏狭な自立志向が醸成されます。

改憲による自衛隊明記は、そうした自衛隊と国民の関係を解消するものではなく、上から強制的に自衛隊を再定義し、戦後の軍拡の実績を憲法により保証し、政治と軍事との対等性を意図したものと言えます。このことは国民にとっても、また自衛官にとっても、決して好ましいことではありません。なぜなら、これでは戦前における国民と軍隊との関係に回帰することになるからです。

5　あるべき政治と軍事の関係とは

■文民統制は、なぜ生まれたのか

アメリカの著名な政治学者にサミエル・ハンチントンがいます。そのハンチントンは、「シビリアン・コントロールの本質は政治上の責任と軍事上の責任を明確に区別することであり、また後者の前者に対する制度的な従属である」と定義しています（ハンチントン『軍人と国家』市川良一訳、新装版　原書房、２００８年刊）。政治による軍事の統制が所与の前提とされ、これが政軍関係の本質です。

近代日本における政軍関係において、文民による軍隊統制という意味におけるシビリアン・コントロール（文民統制）あるいはシビリアン・シュプレマシー（文民優越）という関係は、政軍関係上において未成立でした。

大正デモクラシー状況下における軍縮機運や軍隊の役割の見直しが進められました。さらには総力戦体制の構築を目的として国家総動員法の成立が強行されました。

こうしたなかで、軍隊および軍事機構と政治機構とを総力戦段階に適合させるための改編や合理的な戦争指導体制の創出が検討され、実現もしていきます。行政権の拡大や官僚制の強化により、少なからず軍隊統制への試みが実行に移されたことも歴史事実です。軍隊統制は、戦前から大きな課題でした。もちろん、政治が軍事によって翻弄されてはならないからですし、軍人は国民の統制の下に服すことが、民主主義の基本だからです。それは戦前も戦後も変わらない原理であるはずです。

そのことと関連しますが、今年（２０１８年）４月16日に民進党の小西洋之《こにしひろゆき》参院議員が現職自衛隊幹部である統合幕僚監部所属の三等空佐に、国会議事堂前の路上で「国益を損なう行為をしている」「馬鹿なのか」などと約20分にわたり罵声を浴びられる事件がありました。その事実を当事者である小西議員が、翌日の参院外交防衛委員会で公表したことから問題となった事件です。

どこの政党に所属していようが国民有権者の代表である国会議員に自衛隊への批判を止めるようにと圧力あるいは恫喝をかけたと捉えられても仕方のない発言は、文民統制の観点からしても到底許されるものではありません。自衛官の全てが三等空佐と同様の思いを抱いている訳ではもちろんないと思いますが、自衛隊制服組の中枢である統合幕僚監部所属であった点にも注目されたことも当然でした。

文民統制とは、本来で言えば水と油の関係にある「武力組織」と「民主主義」とが共存していくための制度です。そこにおいて武力組織を構成する自衛官は、文民への絶対服従が大前提となっています。従って文民統制は、文民優越という根本原理によって成立するものです。

しかし自衛隊の歴史を振り返ってみますと、文民統制の逸脱事例は数多あります。例えば、１９６５年2月、自衛隊統合幕僚会議が１９６３年に「第二次朝鮮戦争」を想定した有事立法の研究（通称「三矢研究」）を密かに進めていたことが国会で暴露され、大問題となりました。また、一九七八年七月には、栗栖弘臣《くりすひろおみ》統合幕僚会議議長が雑誌で「有事の際、命令に従っていては間に合わないので自衛隊は超法規的行動を採らざるを得ない」と発言したのです。

こうした事例はもちろん、政府の要人を殺害した二・二六事件（１９３６年）のように軍隊を出動させたクーデター事件とは質が違いこそすれ、文民である最高指揮官（首相）の統制を無視した重大かつ深刻な事態でありました。それは、文民統制や民主主義を根底から否定する行為であったのです。

かつて防衛大学校の校長を勤められた歴史学者でもある五百旗頭《いおきべ》真《まこと》氏は、「文民統制が正しく機能するためには、コントロールする側の国民と政治家の質も問われます」（『通販生活』2018年盛夏号「特集　シビリアン・コントロールを自衛隊は本心から受け入れるのだろうか」、74頁）と、私たちの責任と自覚のあり様を鋭く指摘されています。その一方で自衛官には、防衛大学校の初代校長の言葉を引用され、「服従の誇り」という考えを持つようにも説かれています。統制と服従の関係が円滑に維持できることが、民主主義国家にとっては不可欠なのです。それを制度化したものが、文民統制なのです。

■民主主義を素手で〝守る〟ことは可能か

現状では実力組織を〝素手〟で統制するにため文民統制という制度が用意されているのですが、欧米の如く、強力な議会統制や中国や旧ソ連のような「党軍」と言われる党権力による統制ではない、日本型統制としての文官統制が機能してきたことになっています。

しかし、よく考えてみますと、文民統制と一言で言っても、軍事側の論理と民主側の論理に明白な乖離が見受けられます。最近、それが実体として浮上しています。すなわち、軍事の側も民主の側も自らを正当化するために文民統制を持ち出すのです。軍事の側は組織の拡大や軍拡を進行させても文民統制を尊重しています、と言えばそれで許されるものとしているようです。また、民主の側も文民統制が機能していれば軍の側の暴走はないはずだ、との思い込みをしています。要するに、文民統制とは両刃の剣ではないか、ということです。

先に述べた三等空佐の暴言問題の折、自衛隊側は文民統制の遵守を繰り返すことで国民が抱く不安感を取り除こうとしますし、国民の側も文民統制を堅持してください、で終わりです。それ以上に自衛隊の現状や日本の安全保障の在り方への関心は、なかなか深まっていかないようです。

確かに、政治と軍事の関係をどうするか、という大変に面倒な課題があります。それを「政軍関係」の用語で研究課題としてきた私は、自衛隊の暴走を阻むためには、どうしたら良いのか考えてきました。五百旗頭氏が言う通り、自衛官の全てが「服従の誇り」を確り抱いて貰えれば安心なのですが、それだけでは済まないところに自衛隊は来ているように思います。

自衛隊制服組高級幹部が抱くプロフェッショナル意識（軍事専門職業人意識又は高度職能集団意識）が、世論との乖離を生んでいる現状があります。それを克服するためには、世論・国民との接点が必要でしょう。それでも災害救助など自衛隊員の活躍への賞賛とは裏腹に、国民の自衛隊への親和性が依然として希薄なのは、自衛隊への期待感（災害出動など）と不安感（海外派兵による戦争巻き込まれ論など）との複雑な感情が交錯しているからでしょう。

そこには自衛隊の前身と言える警察予備隊が天皇による請願（天皇メッセージ）に対応するとの形式を踏んで、アメリカの代替軍（植民地軍）として平和憲法下で創設された経緯があります。警察予備隊から保安隊、自衛隊と組織拡大されるなかで、国民に基盤を置かない〝押し付けられた軍隊〟という負の遺産を引き継いでいる側面は否定できません。つまり、自衛隊は、国民の合意を基盤として創設されていない、という出自の問題と絡み、国民の間には複雑な思いが潜在しています。

自衛隊がいまやアメリカ軍の補完部隊としての役割を担いつつ、政府の言う抑止力の一端を担う存在だとしても、その自衛隊に本当に全幅の信頼を置いて良いのかについては、ある意味で不幸なことかも知れませんが、国民と自衛隊の間にはある種の乖離があるようにも思います。

そうした乖離を埋めるためには、自衛隊組織をどう位置づけるのか、国民の安全と安心は、本当に自衛隊という実力組織に委ねることが唯一の選択肢なのかどうかについても、実は国民的な議論が必要に思います。そうした議論が充分なされないまま、自衛隊加憲案だけが先行するのは納得がいきません。

6 自衛隊はどこに向かうのか

■自衛隊暴走の実態は

さきほど自衛隊の現状に少し触れましたが、その自衛隊はこれからどこに向かおうとしているのでしょうか。

2016年に私は『暴走する自衛隊』(筑摩書房・ちくま新書)と題する本を書きました。「暴走」とは、少し過剰な表現ではないか、と思われる方もおられるかも知れません。しかし、私は自衛隊が既存の法律や国民世論の常識から、かなりの程度に逸脱した動きをしてきたと捉えていますので、決して過剰なタイトルとは思っていないのです。

それでは私の言う自衛隊暴走の起点は一体どこにあったのか、と言いますと、その一つが自民党の「日本国憲法改正草案」(2012年7月24日公表)に示された「国防軍」の創設構想にあるのではないか、と思います。特に第二次安倍晋三内閣成立以後、「国防軍」創設に向けた動きが活発となります。その背景には、安倍首相が戦前政治への回帰を志向し、戦後憲法を蔑ろにすると同時に対米自立志向と、それを物理的に担保する「国防軍」創設への意欲を露骨に見せ始めたからです。

そうした目論見は、安倍首相自身が抱く国際政治への受け止め方にも深く関連しています。すなわち、安倍首相は、国際政治が依然として力の論理、すなわち力と力の対立と対決を特徴とする冷戦システムで動いている、と思い込んでいるようなのです。余りにも戦略性を欠いた視野狭窄《しやきようさく》の視点と言う他ありません。

そう言えば、安倍首相を囲む国際政治学者のなかには、依然として国際関係をパワーゲーム論でしか分析しようとしない方々が集まっているようです。そこで頻繁に登場するのは、「真空地帯」とか「抑止力」といった用語です。国際政治は力と力のぶつかり合いであって、平和主義や平和共同体論などは観念的なものでしかないと一蹴するのです。そこでは絶え間ない軍事力充実によってしか平和はもたらされないと強調します。その勢いで市民運動や青年たちの平和を求める心からの訴えに、木を見て森を見ない姿勢だと、やや見下すかのような発言を繰り返すのです。

果たしてそうでしょうか。いつまでもパワーゲーム論の呪縛から解放されず、権力第一主義に堕しているようにしか思えません。そこにあるものは、国家安全保障論でしかなく、民衆や人間を主体とする安全保障論を紡ぎだそうとする学者としての真摯な姿勢が見られないのです。結局は腕力（経済力や軍事力）の強いもののみが他者を支配するのだという、非常に質の悪いエリート主義が、戦争や暴力の負の連鎖を断ち切ろうとする行為を阻害しているのです。そろそろそのことへの気づきが欲しいものです。

そのことは、「国防軍」創設意図の深層には、安倍首相自身の内にある国家主義の思想にも反映されています。短・中期的には、日米安保体制強化による軍事同盟路線を踏襲するとしても、同時に独自の軍事力を構成して独立国家としての体裁を整えたい、とする欲求が潜在しているのです。

自民党が結党以来、一貫して追求してきた自主憲法制定の動きは、現行憲法がアメリカに〝押し付けられた〟憲法であり、独立国家日本には相応《ふさわ》しくない、とする認識が透けて見えます。当面はアメリカと協調しつつも、そのアメリカに〝押し付けられた〟憲法を放棄し、自らの手で自主憲法を制定することが、真の独立国家へと脱皮する必然とする、頑《かたく》なな姿勢を崩そうとしないのです。

こうした政府及び自民党の動きに、当のアメリカは特に国務省を中心にして警戒感を隠していません。自衛隊が果たすアメリカ軍を補完する役割を、そのまま「国防軍」が担うのかについて、その創設意図からして疑問視しているのです。その点を憂慮する一群も、自民党内には確かに存在します。これら党内外の鬩《せめ》ぎ合いは、水面下で現在でも続いていると思われます。

安倍首相等が目論むように、自衛隊の国防軍化は一気呵成に事を運ぶことは困難となっています。自民党内にこの点で意志一致が出来ている訳でないからです。その理由は国民の反発を回避したい思惑と同時に、それ以上にアメリカが自衛隊の国防軍化に必ずしも好意的でないからです。アメリカは安倍政権を両刃の件と捉えているのです。そうしたアメリカの姿勢を踏まえて、安倍首相が唐突とも受け取れる形で表明したのが、現行憲法第9条に〝9条の2〟を入れ込むことでした。

■〝新軍部〟の成立の現段階

「国防軍」創設計画が、安倍政権下で確実に具体化されつつあります。それは戦前の軍部に代わる戦後版の軍部、すなわち〝新軍部〟の登場と称しても良いような危険な事態です。それを決定づけたのが、防衛省設置法第12条の改正でした。それまでの条文内容は、防衛大臣を補佐する背広組（文官）と制服組（武官）の役割において、文官の優位性を明確にした内容でした。これは、旧日本軍において軍部が統帥権独立制度を盾にとって政治介入し、やがて軍部主導の政治体制が創られてしまったことを教訓としたものです。

これから少し込み入ったお話になるかも知れません。

防衛大臣を直接補佐する内局の防衛次官・官房長・局長らが所掌《しょしょう》を越えて大臣を直接補佐する参事官を兼ねる防衛参事官制度は、いわゆる日本型文民統制であり、これを文官統制と呼んできたのです。2009年6月3日に公布された「防衛省設置法等の一部を改正する法律」（法律第44号）において、防衛参事官制度を廃止することが盛り込まれ、同年8月1日に施行されたのです。

また、今回の防衛省設置法第12条改正案は、２０１５年6月10日に参議院本会議で可決成立しています。制服組は文官統制を事実上廃止しただけでは飽き足らず、制服組と背広組とが防衛大臣の下では全く対等・同格の存在として法制化するに及んだ、とするのが事の真相でしょう。文字通り、文民統制の基本原理である文民優越を否定したのです。

防衛大臣も背広組の意見を聴取することなく、直接に統合幕僚長や各幕僚長に部隊運用を含めて直接指示が出せることになります。防衛大臣の権限の強化とも言えますが、政治家である防衛大臣であってみれば、事実上制服組の判断に一任するケースも多くなり、その結果として制服組に対する政治統制も効かなくなることも充分にあり得るのです。制服組の要求や判断が独り歩きする危険性も出てきましょう。

それまでは内局の官房長・局長（背広組）が、防衛大臣の行う幕僚長（制服組）への「指示」、「承認」、「一般的監督」に関して補佐するという仕組みでした。つまり、内局の文官が防衛大臣の行う幕僚長に対する指示・監督などを「補佐」という形で実質的には、防衛大臣に代わって制服組を統制していたのです。日本の文民統制が、文官統制と言われる理由です。

ところが改正により防衛大臣への補佐を二つに分けて、内局の文官の補佐は「政策的見地」からのものに限定し、「軍事専門的見地」からの補佐は制服組のトップである幕僚長に一元化する、となりました。

さらには、自衛隊部隊の運用に関しては、文官が介入する余地を削いだ格好となっています。これでは、自衛隊の運用や軍事知識が十分でない文民の首相や防衛大臣が、制服組の意向に沿った形で判断を下すことになってしまう恐れがあります。それゆえに、これまではそのノウハウを持つ防衛官僚（文官）が制服組より優位な位置を占めて、これを統制することが合理的である、と考えられできたのです。それが完全に否定されてしまったのです。そのことが〝新軍部〟成立と呼ぶに相応しい制度改正であり、ここに日本の文民統制は事実上崩壊したとさえ言っても過言ではないでしょう。

さらに言えば、今年（2018）年8月末に公表された『防衛白書』も、そして2018年の年末に公表が予定されている「防衛計画の大綱」、またそれと抱き合わせの恰好で公表が予測されている自衛隊の「統合防衛戦略」も極めて注目される文章となります。後者は、2014年度段階で既に策定済ですが、公表が一貫して見送られてきたものです。それは自衛隊とアメリカ軍の共同作戦構想を扱った公文書であり、公表されれば自衛隊史初の出来事となります。

こうした一連の文書は既に大枠では明らかとなっていますが、防衛大綱の見直しと連動して検討されている国家安保戦略の策定問題をも含め、この国は再び非常に柔軟性を欠いた〝21紀型軍事国家〟として変貌しようとしていることは間違いないと思います。国家防衛を口実にして、それで市民社会の軍事化が進行していけば、戦争自体が例え起きずとも、自由・自治・自律の精神と思想に裏打ちされた私たちの市民社会は、根底から音を立て崩れゆくことになります。これに何としても歯止めをかけなくてはなりません。

■文官と武官とが対等となるとは

以上の制度改編のなかで、自衛隊統制の制度であった文民統制が形骸化していると指摘しました。戦後日本の文民統制は、国会統制や内閣統制が効いているという建前で、自衛隊組織の正当性や組織強化が図られてきました。そこでは、文民統制という周知の制度でありながら、実際にはある種の概念以上のものではなく、現実的に自衛隊統制には文官統制のシステムを起動させることによって、統制の実を挙げてきたのが実状であったのです。

既に述べたように、この文官統制が従来から文民統制としての機能を事実上果たしてきたのです。この点から言えば、国会統制や内閣統制が健全に機能するのであれば、文官統制が事実上廃止されたとしても、広義の意味における文民統制が、それだけで形骸化される訳ではないのです。しかし、国会統制も内閣統制も、これまで必ずしも文民統制としての実を挙げてきた訳ではありません。それでも文官統制が機能することで、日本の文民統制が辛くも存立し得たと言えます。

それで背広組と制服組との鬩ぎ合いは、いまに始まったことではありません。その第一幕は、1997年6月、橋本龍太郎首相時代に制服組に国会や他省庁との連絡を禁じる「事務調整訓令」の廃止により、政治家と自衛官との接触や交渉が解禁となり、さらには、2004年6月16日の防衛参事官制度廃止への動きが活発化していきました。

それは、石破茂防衛庁長官（当時）をはじめ、防衛庁内部部局の主だったメンバーと、統合幕僚会議議長を筆頭とする制服組の主だった幹部たちが一堂に会する場で、出席者の一人である古庄幸一《ふるしょうこういち》海幕長（当時）が、「統合運用体制への移行に際しての長官補佐体制」と題する文書を示し、背広組が制服組を統制する日本型文民統制の見直しを迫ったのです。

海幕長は、日本型文民統制そのものである参事官制度を事実上廃止し、さらには防衛庁背広組のトップである防衛事務次官が持つ自衛隊に対する監督権限を削除し、新設の統合幕僚監部の長が担うとする要求を出したのです。文民でもある防衛事務次官の監督権限削除要求は、明らかに文官統制だけでなく、文民による統制を排除しようとするものでありました。

制服組と背広組との鬩ぎ合いの、言わば第二幕として、２００８年12月22日に防衛省は、省改革・組織改編のため、「22年度における防衛省組織改革に関する基本的考え方」を纏めました。それによると、防衛政策局を「文官と自衛官を混合させる組織」として拡充すること、運用企画局を廃止して、自衛隊の運用に関する権限を統合幕僚幹部に集約すること、内局と陸海空三自衛隊に跨っている防衛力整備部門を統合すること、などが挙げられました。こうして、２００９年６月３日、文官統制の根拠とされた防衛参事官制度の廃止や、これまで法律上明記されてこなかった防衛大臣補佐官の新設などの改正が打ち出されたのです。

少し分かりにくかったかも知れませんが、以上の経緯を経て、決定的であったのが既述の防衛省設置法第12条の改正案の提出ということになります。第12条の改正案は、２０１５年６月10日、参議院本会議の場で賛成１５４票、反対77票で可決成立しました。この結果、背広組と制服組の鬩ぎ合いは、最終的には制服組の権限強化を担保する法システムの立ち上げの結果に終わったのです。こうして文民統制の原則が反故《ほご》にされ、文官・武官の事実上の対等化が図られたのです。

7　中国・北朝鮮は本当に脅威なのか

■脅威の本質

自衛隊加憲に賛成する人たちも沢山いることは承知しています。その理由は様々でしょうが、その一つに中国の軍拡と海洋進出、北朝鮮の核ミサイルの脅威に備えるためには自衛隊が不可欠であり、その自衛隊を一層充実していくためには憲法で確りと明記し、文字通り合憲の存在としておくのが国家として当然の判断である、というものです。

北朝鮮の核ミサイルの、いうところの脅威というのは、この間の南北朝鮮首脳会談や米朝会談などを踏まえた北朝鮮の核ミサイル関連施設の爆破や核廃棄への道筋がある程度示されたことから大分緩和されました。というより、北朝鮮にしてもアメリカや日本への侵攻作戦を強行する意図など最初からなかったのですから、ここでいう緩和という意味はあまり正確ではありません。最初から脅威ではないものを脅威として設定し、それに備えることを口実にして安倍政権は政権維持を図り、自衛隊は事実上の軍拡を果たしてきたのですから。

問題は中国です。恐らく多くの日本人は中国の軍拡と海洋進出に警戒感や恐怖心を懐《いだ》かれていると思います。少なくとも脅威だとみなしている、と思います。結論を先に言えば、私は脅威とは全く見なしていません。中国の歴代続く王朝は、北方民族の侵入を防ぐために営々として万里の長城を築き上げました。実に強大な建造物です。そうすることで王朝は自らの保守と同時に民人からの信頼を受けることになります。王朝維持のための工作物が万里の長城であったのです。

■中国は本当に脅威か

中国の海洋進出は、実はこれと同質だと思うのです。つまり、中国共産党は14億の人民を統治していくために、人民から信頼を獲得する必要があります。そのために今度は海洋に〝万里の長城〟を築いている、と考えたらどうでしょう。そこに中国人の歴史体験がありります。19世紀から20世紀初頭にかけて中国は欧米、そして日本により半植民化され国土を蹂躙《じゅうりん》され続け、甚大な被害を受けました。本当に悲劇の歴史を歩み続けたのです。そのために、本来は豊かな文化と地理的経済的環境に恵まれていた中国は、大変に厳しい時代を生き抜かなければなりませんでした。

中国革命を得て、二度とそうした苦しみの歴史を繰り返さないために、中国人民の総意として侵略されない鞏固な国家建設が不可欠と考えてきたのです。戦争のことを記憶に留めつつ、経済建設を安定して持続するためには軍事強国も不可避だとする考えです。この点は規模こそ違え、北朝鮮も同じです。そのために中国は年間で30兆円規模の軍事費を投入しています。

もちろん、そこには国内の軍需産業を潤す必要性もあります。アメリカはその2倍の60兆円規模の軍事費を使いますが、いまのアメリカの産業を牽引するのはロッキード・マーティン社を筆頭とする軍需産業であることは、よく知られていることです。中国にも世界のトップテンに入る中国北方工業公司や中国航空工業集団公司など巨大な軍需会社があり、それが中国の軍拡によって巨大な利益を得ています。ディーター・ゼンクハースの言う「軍拡の利益構造」です。これが、アメリカ、中国、ロシア、イギリス、日本、スウェーデン、フランスなどで、ある種基幹産業化しているのです。それがまた軍拡や軍事的緊張を醸成している大きなファクターとなっています。

ここで中国の軍事戦略の概要を見ておきましょう。例えば、２００９年にアメリカ国防長官官房が議会に提出した年次報告書「中華人民共和国の軍事力」で表現されたのですが、「近接阻止・領域拒否（Anti-Access/Area Denial Ａ２／ＡＤと略す）戦略が中国人民解放軍の基本的な軍事戦略とされています。つまり、中国の軍事戦略は「積極防御」であり、侵攻された場合は反撃に出るのは当然にしても、あくまで防御に徹することに集中しているということです。

また近々の情報で言えば、アメリカ国防長官府が「中華人民共和国に関わる軍事・安全保障の展開 ２０１７」を作成公表していますが、それによると「中国の指導部は、依然として、危機または紛争の勃発時に、敵による力の投射を抑止または撃退し、第三者―米国を含む―による介入に対抗するための能力の開発に焦点を合わせている」と明記しているのです。簡単に言えば防禦戦略あるいは抑止戦略を採っているということです。

一方的なアメリカ側からの報道では片手落ちになりますので、中国国防部が２０１５年５月に公表した「中国の軍事戦略」も少し見ておきましょう。先ず、正確を期すために原文の注目箇所を、以下に資料として張り付けておきました。

すなわち、「中国军队主要担负以下战略任务：应对各种突发事件和军事威胁，有效维护国家领土、领空、领海主权和安全，坚决捍卫祖国统一、维护新型领域安全和利益、维护海外利益安全、保持战略威慑、组织核反击行动、参加地区和国际安全合作、维护地区和世界和平、加强反渗透、反分裂、反恐怖斗争、维护国家政治安全和社会稳定、担负抢险救灾、维护权益、安保警戒和支援国家经济社会建设等任务」の部分です。

要するに中国軍の戦略的任務として突発的な事件や軍事的脅威に対応し、効果的に国家領土、領空、領海の主権、祖国の統一、領域の安全と利益、統一海外の利益を守るとしています。そのためには戦略的抑止を維持し、核による反撃をも用意する。地域と国際社会の安全も協力して平和を守ること。テロへの備えもしながら、国家の政治と社会の安定に寄与すること、そして国家経済社会の建設の任務に尽力する、と言った内容です。中国国防部は、中国の軍隊は防衛のための軍隊であると明言している訳です。

もちろん、公式文書ですから他国を威嚇し、不安を与えるような文面は書かないのは当たり前と言ってしまえばそうには違いないのですが、少なくとも額面通りに読み取れば、中国の軍隊が侵略を志向する軍隊でないことを信じたいと思います。

現在、中国の軍事戦略の読み解きが専門家集団によって果敢に行われています。保守系シンクタンクでは、徹底した中国警戒論が当たり前のようになっています。楽観的だと言われることを覚悟して言えば、私は中国の正面装備も軍事戦略も、決して先んじての侵攻作戦などは全く想定していないと確信しています。日本を侵攻し、アメリカと一戦を交えるメリットは一体どこにあるのでしょうか。

これまた少し余談ですが、中国は現在2隻の航空母艦を保有することになります。その一番艦はウクライナから買い付けた旧式の空母を改築したものです。「遼寧《りょうねい》」と言いますが、大連港のドックで建造されました。私は大連に出かけたおり、大連空港に向かう車道から何度も見ました。カタパルトがないのでスキージャンプ台の形状をもった滑走路を持った旧式の空母です。アメリカの原子力空母とは比較にならない空母です。日本の「いずも」

や「かが」などのヘリコプター空母と比べても、体こそ大きいものの、戦力としても問題にならない代物です。それを脅威とみなすのは、相当の無理があります。それもあって、中国は本気でアメリカや日本と一戦を交える意図も覚悟もないと言えます。まさに防御的軍備に徹しているのです。

日中間で争点となってしまった尖閣諸島の領有問題にしても、中国側は小さな岩礁をめぐって国益を危険に晒《さら》して争うことは愚の骨頂ということで、「棚上げ論」を提起した経緯があることはよく知られている通りです。それをわざわざ棚から降ろして争点化してしまったのは、日本側であったことも記憶されてよいことでしょう。中国は短期間で解決不可能な課題は棚上げをし、相互の協調関係を崩したくないと考えているのです。それが、中国の軍事戦略にも合致しているからです。

現在のように、中国にとっても日本やアメリカにとっても、強い経済的関係を取り結んでいます。現在でも「米中貿易戦争」などと呼ばれ、経済的な緊張関係を強めているように見えますが、ある程度の緊張関係が続く一方で、必ずどこかで落としどころを米中双方が模索していくはずです。そうした意味を考えれば、中国の軍事的脅威論は、為にする議論ということになります。それを政治プロパガンダ（政治宣伝）として活用して、自衛隊増強、日米同盟強化、その結果としての保守権力強化に繋げている実態を見ておく必要があると思います。

■アメリカ軍と自衛隊・防衛省の動き

ここで折角ですからアメリカ軍の動きも簡単に見ておこうと思います。注目されるのは２０１７年12月17日づけで公表された「国家安全保障戦略」(National Security Strategy:NSS）です。そこには、「国土と国民、米国の生活様式を守る」「我々が米国の軍事力を再建し、最強の軍隊を堅持する」「米国の同盟国とパートナー国は、米国の力を拡大させ、共通の利害を守る。米国はこうした国々が、共通の脅威に対応するためにより大きな責任を負うことを期待する」と言った文面が矢継ぎ早にでてきます。特に「米国の同盟国」である日本が、アメリカが認定する脅威の矢面に立つ覚悟を持って対応することを求めています。

さらに今年（２０１８年）１月19日に要約版が出た「国家防衛戦略」(National Defense Strategy:NDS）には、「優先課題は対テロではなくて大国間戦争」とし、中国とロシアとの対抗を強く打ち出しています。さらに、「同盟を強化し、新たなパートナーを引き付ける」との章を設けていることです。ここでは、北朝鮮や日本との関係について明示はしていませんが、対テロ戦争に替わって、今度は「大国間戦争」に備えるのだというのです。アメリカの指す大国が中国及びロシアであること言うまでもありません。アメリカは持てる軍備が攻撃性の高いものですから、勢い軍事戦略も攻勢作戦を前提としています。自国が侵攻される可能性を実際に低く見積もっていることもあって、中国の防御戦略と異なり、攻勢戦略と言ってよいのかも知れません。そうなると、私たちにとって一体誰が本当の脅威を与える存在か、おのずと明らかとなります。

オバマ政権が世界覇権国家構想からアジア太平洋国家に変身し、中国との共存共栄路線を引こうとしたのに対し、トランプ政権は覇権国家の対面を保ち、中国との対決姿勢を見せながら、インド太平洋国家を目ざす戦略を採用しようとしています。しかし、中国・ロシアと軍事的に対峙し、同時にインド太平洋国家を目指すというのは、かつて日本の北進論と南進論を併用した広域戦略と同様に、流石のアメリカにも余りにも荷が重いことは間違いありません。だからこそ、アメリカは日本と韓国というアジアにおける同盟国に、その戦略を貫くための軍事負担を強いているのです。

そのこともあって2017年8月17日に開催された日米安全保障協議委員会（2＋2）では、中期防の次期計画期間を見据えて、同盟における日本の役割が拡大することを確認しています。米国は最新鋭の戦力を、日本に展開することに引き続きコミットすると宣言しました。横田基地をはじめ、オスプレイの日本における新たな展開もその一端を示す戦力配備と言えます。

こうしたアメリカの動きを受ける格好で日本政府や防衛省は、近く「統合防衛戦略」が公表される見通しだと、2018年2月1日付けの『産経新聞』が報道しています。それは、「戦い方」に重点を置き、機密事項を除いた概要のみ公表されるとしています。恐らく前提となる中国と北朝鮮への対処が中心となるとのことですが、朝鮮半島情勢がドラスティックに動いていますから、その読み解きを含めて公表は年明けにずれ込むかも知れません。

「防衛大綱」が態勢の基本文書に対し、防衛戦略は作戦（operation）の基本文書であり、統合防衛戦略が公表されるとアメリカの作戦計画（operation plan:OPLAN）との連携が明らかとなります。つまり、自衛隊がアメリカ軍とどのような共同作戦行動を採るのかが、ある程度明らかにされるということです。もちろん作戦文書ですから詳細なことは秘密のヴェールに包まれましょうが、自衛隊が既に実戦部隊として動く可能性が極めて現実味を帯びて来たということです。

それで自衛隊は、アメリカと一体全体何のために作戦準備を事実上開始しようとしているのでしょうか。誰を相手に、誰を守ろうと言うのでしょうか。日本国家か日本人なのか、それともアメリカの国益なのでしょうか。まさかかつてイギリスのインドをはじめとするイギリスの権益を守るためにロシアとの戦争に駆り出され、１００万人の兵士を動員・投入し、10万人もの戦死者をだした日露戦争と同じ過ちを繰り返そうとは思いたくありません。日露戦争と歴史上言いますが、実際には〝英露戦争〟であったことは忘れてはなりません。日本がイギリスの代わりに、人柱にされてしまった苦い経験を思い起こすべきでしょう。

おわりに　戦争放棄の厳格化を求めて

戦後の私たちは憲法9条を中心とする平和憲法を護り、活かしていくために護憲運動や活憲運動のために全力を挙げてきました。その運動がベトナム戦争の折に韓国軍がベトナムの戦場に派兵を余儀なくされたのに反し、日本はアメリカからの執拗な派兵要請がありながら、反戦平和運動と平和憲法があったがゆえに派兵を拒否することができたのです。

その限りで平和憲法は、日本のベトナム参戦を阻止する具体的な力となったのです。また、その成果ゆえに戦後保守権力は、一貫して改憲を目指し、今度こそアメリカの派兵要請に応え得る国家へと転換を図ろうとしています。その意図を込めて集団的自衛権行使容認や安保関連法の強硬採決がおこなわれたことは、記憶に新しいところです。

具体的な改憲案が提案されてくるまで、保守権力は事実上の解釈改憲により、自衛隊も防衛省組織をも強大化・肥大化させることに成功してきました。今日、革新政党や、これに結集する労働者を中心とする従来からの反戦平和運動に加え、多様な市民運動の活発化に対応して、権力は一気呵成の改憲案ではなく、あくまで形式以上のものではないにせよ、加憲案でこうした運動圧力を巧みに回避しようとしています。9条をそのまま残して世論の批判を回避しつつ、事実上の改憲路線を採ろうとしていることは、これまで述べてきた通りです。

この機会に自衛隊の存在や日米安保の体制を段階的にでも解消するため、戦争放棄・戦力不保持を謳う憲法9条を厳格化の方向性のなかで、あらためて9条強化論を逆に提起していく議論や運動も必要ではないか、と思います。

つまり、護憲で護れてきたものと、護れなかったものを十分に吟味しながら、これからの護憲運動を一層深めて行くことが求められていると思います。具体的には、自衛隊組織を一部国際レスキュー部隊や海保などへの編成替え（シフト論）、日米安保条約を日米友好平和条約に転換（切り替え論）など、具体的な政策を提案しながら、安倍改憲論に対抗していくべきではないか、と思うのです。

このように、9条に新たな反戦平和のためのエネルギーを注入する手立ては、実に沢山あります。そうした運動の成果の上に、将来においても９条を厳格に保守し、活かしていくための運動を再構築していくべきです。そこにおいては、民主主義の下での民主と軍事の共存関係がどこまで可能なのか、そもそも事実上の軍隊、しかも攻勢的な実力を有する自衛隊をどう統制していくのかについて、ヨーロッパ諸国にも具現されるような民間人による監視制度の創設なども検討されて然《しか》るべきでしょう。

また、９条を厳格に捉えるためには、そうした具体的な制度の創設や日米安保体制の見直しを含め、具体的な議論や政策を打ち出していく余地は実に多いと言えましょう。東アジアの安全保障環境は朝鮮半島情勢の急転を踏まえ、ダイナミックに変わろうとしています。そうした国際情勢にも対応した日本独自の安全保障論の打ちだしのなかで、あらためて文民統制の問題を捉え直したいものです。そうした粘り強い運動によって、はじめて自民党の危険な改憲を打ち砕く展望も開けて来ようと思います。

【追記】

本講演録は、２０１８年11月10日開催の大阪市北区憲法フェスティバルでの講演に加筆修正したものである。

【本講演に関連する纐纈の最近の著作・論文他】

①『文民統制　自衛隊はどこへいくのか』(岩波書店、2005年)
②『近代日本の政軍関係』(岩波書店、2005年)
③『集団的自衛権行使容認の深層』(日本評論社、2012年)
④『逆走する安倍政治』(日本評論社、2015年)
⑤『暴走する自衛隊』(筑摩書房・新書、2016年)
⑥『権力者たちの罠　共謀罪・自衛隊・安倍政権』(社会評論社、2017年)
⑦「安倍政権の本質と戦争国家化の現段階　明文改憲の意味するもの」(『平和運動』第562号・2018年2月)
⑧「暴言幹部自衛官の軽い処分」(『しんぶん　赤旗』2018年5月13日付)
⑨「シビリア・コントロール　私はこう考える」(『通販生活』2018盛夏号)
⑩「民主主義と軍事主義。果たして共存は可能か?」(-Meiji net,2018年7月11日付)
⑩「旧軍と自衛隊」(『法と民主主義』第530号、2018年7月)
⑪「文民統制骨抜き　戦う自衛隊に変貌」(『しんぶん　赤旗』2018年7月30日付)
⑫「自衛隊改憲案と文民統制」(『月刊社会民主』第759号・2018年8月))
⑬「戦前日本の武器輸出」(『世界』第912号・2018年9月)

⑭「分断システムに便乗する日本の保守」（『朝鮮新報』２０１８年9月21日付）

⑮「軍部化する自衛隊とイージズ配備」（『住民と自治』第６６７号・２０１８年10月）

【著者紹介】
纐纈　厚（こうけつ・あつし）
1951年岐阜県生れ。一橋大学大学院社会学研究科博士課程修了。現在、明治大学特任教授（研究・知財戦略機構）。前山口大学理事兼副学長、山口大学名誉教授、政治学博士。近現代日本政治史・現代政治社会論、対アジア関係史専攻。
最近の主要単著に、『侵略戦争と総力戦』（社会評論社、2011年）、『現代の戦争』（〔共著〕岩波書店、2003年）、『日本降伏』（日本評論社、2013年）、『日本はなぜ戦争をやめられなかったか』（社会評論社、2013年）、『反〈安倍式積極的平和主義〉論』（凱風社、2014年）、『集団的自衛権容認の深層』（日本評論社、2014年）、『暴走する自衛隊』（筑摩書房・新書、2016年）、『逆走する安倍政治』（日本評論社、2016年）、『権力者たちの罠』（社会評論社、2017年）がある。また海外出版の最近のものにでは、『何謂中日戦争？』（台湾：人間出版社、2010年）、『我們的戰爭責任』（中国：人民日報出版社、2010年）、『何谓中日战争』（中国：商務印書館、2012年）、『近代日本政军事关系研究』（中国：社会科学文献出版社、2012年）『〝圣断〞虚构与昭和天皇』（中国：辽宁教育出版社、2015年）等多数。また最新刊に『日本政治史研究の諸相』（明治大学出版会、2019年）がある。

表紙写真：陸上自衛隊・海上自衛隊・航空自衛隊各ホームページより

自衛隊加害論とは何か　**日米同盟の深化と文民統制の崩壊の果てに**

2019年3月1日　初版第1刷発行

著者　纐纈厚
発行者　坂手崇保
発行所　日本機関紙出版センター
〒553-0006　大阪市福島区吉野3-2-35
TEL 06-6465-1254　FAX 06-6465-1255
http://kikanshi-book.com/　hon@nike.eonet.ne.jp
本文組版　Third
編集　丸尾忠義
印刷・製本　シナノパブリッシングプレス

Printed in Japan
ISBN 978-4-88900-970-5